斗地主

从入门到精通

斗地主的本质是
三方参与的非完全信息的动态博弈

齐爽◎著

中国纺织出版社有限公司

内 容 提 要

本书根据博弈论理论，将斗地主的本质定义为三方参与的非完全信息的动态博弈。结合大数据分析和真实大赛实例，详细介绍了叫分、记牌、算牌和分角色技巧，探讨如何提高斗地主竞技技巧。本书适用于斗地主爱好者。

图书在版编目（CIP）数据

斗地主从入门到精通 / 齐爽著. --北京：中国纺织出版社有限公司，2024.1
ISBN 978-7-5229-1157-1

Ⅰ.①斗… Ⅱ.①齐… Ⅲ.①扑克－基本知识 Ⅳ.①G892.1

中国国家版本馆CIP数据核字（2023）第202061号

责任编辑：曹炳镝　段子君　责任校对：高　涵　责任印制：储志伟

中国纺织出版社有限公司出版发行
地址：北京市朝阳区百子湾东里 A407 号楼　邮政编码：100124
销售电话：010—67004422　传真：010—87155801
http://www.c-textilep.com
中国纺织出版社天猫旗舰店
官方微博 http://weibo.com/2119887771
三河市延风印装有限公司印刷　各地新华书店经销
2024 年 1 月第 1 版第 1 次印刷
开本：710×1000　1/16　印张：12.75
字数：140 千字　定价：68.00 元

凡购本书，如有缺页、倒页、脱页，由本社图书营销中心调换

推荐序一

承蒙齐爽先生相邀,为他的新作《斗地主从入门到精通》作序,并发来书稿。阅罢感慨良多,特书此文,以飨故交。

与齐爽相识,缘于他多年之前和我共事于竞技世界公司的平台策划团队。彼时齐爽已初露峥嵘,以深厚的学识和精深的业务功底于网络棋牌领域颇有建树,尤其在传统棋牌项目走向竞技化方面多有深入研究及多维度的有益尝试,并由此成为团队翘楚。

齐爽离开竞技世界公司之后,初心未改,所从事的工作领域里面仍然包括网络棋牌方面的内容。在棋牌竞技领域我们之间依旧保持着专业水准的研讨与互通。而竞技世界与美团之间在网络棋牌领域能够达成良好的互助共赢的伙伴关系,应该是我们之间的高山流水之交延展之后的水到渠成吧!

现在,《斗地主从入门到精通》成书,这是齐爽在棋牌领域深耕多年的宝贵成果,同时就竞技棋牌专业领域来说也是一个巨大的收获,堪称斗地主游戏史上含金量最高的专业技术典籍之一,必将在斗地主这个经典的牌类游戏项目走向竞技化的道路上留下浓墨重彩的印记。

斗地主是深具中国特色的扑克牌游戏,同时也是目前国内爱好者群体规模首屈一指的牌类游戏项目,并且在世界各地都有一定数量的玩家。因此,从社会与文化的层面上来看,"斗地主"对人们的文化生活具有不可小觑的影响力。

斗地主的游戏规则严谨，游戏玩法生动、有趣、刺激，叫分追求精准，行牌讲究技巧与配合，因而为大众所喜闻乐见。棋牌游戏的娱乐、休闲和益智的特点，在斗地主身上都有集中的体现。

由于斗地主的普及度高，兼之玩法讲究技巧与配合，因此其先天即具备发展成为专业智力竞技项目的潜质；而竞技化的发展，将为斗地主这个传统牌类游戏的经典代表项目带来新的生机与活力。

斗地主的竞技化发展，离不开棋牌行业内的仁人志士们的共同努力与合作。向用户提供比赛模式的斗地主游戏的互联网服务，是竞技世界的首创之举。斗地主线上比赛（JJ斗地主）自2008年推出以来，比赛的种类越来越丰富、数量越来越多，并且得到了广大斗地主爱好者的青睐。十余年来，一方面，目前已经有诸多同行业的平台（尤其是大型平台）借鉴并且推出了比赛模式的斗地主游戏；另一方面，竞技世界还与美团等著名企业携手合作，在斗地主的竞技化领域共同努力耕耘，为广大斗地主爱好者提供了更多、更好、更专业的棋牌竞技舞台。

追本溯源，如果说比赛模式的游戏方式是斗地主竞技化发展的根本，那么专业竞技赛事则是其不可或缺的枝干。值此《斗地主从入门到精通》成书之际，第14届"JJ斗地主冠军杯"赛事正在如火如荼进行之中，这是迄今为止历史最悠久、专业性最强、竞赛组织最严谨、参与人数最多的全国性的斗地主专业竞技传统赛事之一。经过不断的精进与演变，这一赛事日趋完善。此外，专业的竞赛组织是串联棋牌与竞技的缤纷璎珞，而改良后的竞技性玩法规则——4人搭档玩法以及在此基础上的复式队式比赛——成为璎珞上点缀着的最璀璨的明珠，使斗地主的专业竞技发展道路已然从崎岖小径逐步走向柳暗花明。

从斗地主游戏爱好者的角度来说，完成从游戏玩家到竞技选手的角色转变需要经历一个曲折而充满奇遇的探索之旅，需要经历从单纯的实战领悟发展为系统性、科学化的研究、总结、复盘和学习的过程，并借此步上专业选手之路，直至登上冠军的巅峰。

当我们站在巨人与前人的肩膀上，必然可以看得更远，并且在征途中可以走得更快。《斗地主从入门到精通》在发掘、总结和提炼斗地主游戏技巧方面做出了可贵的尝试，对游戏技术环节进行了理论化的归纳总结，系统化地罗列、展示了不同角色身份（地主和农民）、不同行牌位置（地主、门板、下家）的技术案例，并对诸如牌值估算、叫分策略、残局局势、逻辑计算和手筋打法等环节详加分析与说明。就内容方面来说，《斗地主从入门到精通》可谓满盘锦绣、珠玉盈篇，其质量之精、水平之高，实为不可多得的斗地主游戏攻略的佳册良书。

《斗地主从入门到精通》不仅是斗地主爱好者提高技艺的有效工具书籍，同时通篇结构清晰、条理分明、落笔流畅、文风洒脱，因此具备极强的可读性与趣味性。相信读者朋友们能够和我一样，通过研读齐爽先生的《斗地主从入门到精通》，得到有益的收获和启发，从而达到提升打牌技艺、增长游戏见识的良好效果。

最后，希望朋友们在斗地主游戏对局的过程中取得佳绩，技艺飞升的你必将如虎添翼，在智力竞技的征程中尽情享受棋牌竞技的快乐！

郑海生

竞技世界公司 CEO

2022 年 10 月 1 日

推荐序二

斗地主游戏在我的人生中占据着非常重要的位置，回首往事，我经历了从斗地主爱好者到牌手，到高手，再到专业比赛的选手，并最终成长为斗地主专业比赛的解说专家等身份的转变。我现在给自己的最新使命是：成为斗地主智力竞技化的推动者。回顾过往，这是一条充满曲折的道路，有成功的喜悦，也有失败的沮丧；有艰辛的泪水，也有幸福的欢笑、个中滋味一言难尽。展望未来，这又将是一段崭新的壮丽风景。

今天，我看到《斗地主从入门到精通》这本书稿，如获至宝，对作者齐爽也油然生起敬意。为什么这么说呢？

首先，据我所知，这是正式出版的系统性、理论性最强的关于斗地主打牌技巧的书，可以说是在这一专业领域里面开创了先河。虽然斗地主从爱好者人数上来说是排名第一的扑克牌游戏项目，不仅被广大人民群众所喜闻乐见，而且各大棋牌平台都将斗地主列为主要项目，关于斗地主技巧的文章在民间不时也有只麟片爪式的出现；不过，以前还未出现过能够全面、深入、系统地介绍和论述斗地主技巧的作品出现。而《斗地主从入门到精通》正好填补了这个空白。一方面，这本书满足了庞大的斗地主游戏市场在技巧研讨方面的需求；另一方面，这本书对于提高斗地主爱好者群体的整体技战术水平也将大有裨益。

其次，从内容和质量方面来说，《斗地主从入门到精通》堪称精致。不仅论述全面细致，而且细节周到精深。从叫分的策略，到行牌的分寸；从地主的把握，到农民的拿捏；直至对于不同位置的农民的行牌招法都有详细的分析和论述。从爱好者的角度来说，凭借实战的积累去提高水平肯定是一个非常漫长艰辛的过程，而且你还得在一个水平比较高的圈子之中才行，否则提高起来会更难。如果能够得到《斗地主从入门到精通》这样的优秀书籍的帮助，那就如同有一群斗地主的绝顶高手给你当师父，结果可想而知——打牌水平想不提高都难！成为真正的斗地主的竞技高手指日可待。

最后，《斗地主从入门到精通》一书对于斗地主游戏在专业竞技比赛的发展上将起到不可估量的积极作用。从国内的棋牌市场上来看，近年来各主要的棋牌平台都非常注重斗地主游戏在专业竞技比赛方面的发展和建设，比如竞技世界公司（JJ斗地主）推出的复式队式赛，专业度高、观赏性强，吸引了众多爱好者观摩，尤其是比赛转播和牌局拆解，生动有趣、兴味盎然。这些情况都带动了斗地主技术研讨的发展相信以此为开端，将会有更多的相关专业著述面市。

千里之行，始于足下。希望有更多的爱好者能够看到《斗地主从入门到精通》，并且从中得到启迪和收获，从而以参阅此书作为起点，在激情四溢的斗地主竞技的广阔天地中尽情驰骋。同时也祝愿大家游戏快乐、技艺精进，以出色的技术水平和优秀的实战表现在斗地主游戏的竞技过程中取得傲人的成绩！

JJ斗地主官方解说　高源

2022年10月1日

自 序

我与棋牌有着不解之缘。4岁打"斗地主"、5岁玩象棋,我应该是最早一批线上棋牌游戏玩家,2000年左右开始上网玩联众。大学毕业后进入游戏设计和研发领域,逐步被吸引到斗地主的"黄埔军校"——JJ斗地主公司工作。

刚进入棋牌领域工作的时候,我试图在市面上寻找易读的具有成体系的斗地主理论框架的书籍来夯实自己的基础,发现这一领域还是需要更多人来一起建设,现存仅有的几本斗地主书籍多从爱好者视角展开,网上的视频多是单一牌局的拆解。我在JJ斗地主做产品策划和平台运营的时候,在棋牌理论、打牌技巧、赛制设计和线上产运知识等方面得到了系统性的提升。随着接触内容的增多,我对斗地主的认知也在不断迭代,一直有个声音在催促自己梳理沉淀一下。日常的工作没法躲避、生活没法躲避、世界没法躲避,所以只能在无边的黑夜或寂静的凌晨去追寻星星点点的灵感,在方寸间欣赏一场场精彩的实战牌局,在拍案叫绝中揣摩当事人的所思所想。历时5年的整理,经过2次推倒重来,对数百场真实大赛对局案例的多轮次甄选,结合大数据统计分析的数据佐证,终于完成了这本《斗地主从入门到精通》。

这本书先是寻根溯源,根据斗地主的博弈性质定位其理论根基——斗地主的本质是三方参与的非完全信息的动态博弈,两个农民、一个地主即为三方参与。斗地主是暗牌游戏,即大家彼此看不到对方的手牌,而象棋就是完全信息的博弈。"石头、剪子、布"是大家一起出招,斗地主是按照轮次出牌,即为动态博弈。本书先介绍斗地主的这个博弈特点,根据这三个特点几乎可以推导出所有的斗地主打牌技巧。之后我们梳理了一下叫分、记牌、算牌的技巧,并结合大数据分析统计给出了主要叫分牌型的获胜概率,以便加深印象。

个人建议斗地主学习者先学当农民,再学当地主。是否会当门板是斗地主技术的重要分水岭,在熟悉了农民之间如何配合、知道农民的所思所想后,当地主才能得心应手,正所谓"知彼知己,百战不殆"。为了在讲解技巧的时候代入感更强,我甄选了22个真实的大赛牌局案例并配图讲解,力争还原当时场面的动态过程。

在本书最后,作为互联网棋牌从业者,我整理了线上棋牌游戏发展历程的主要阶段供感兴趣的读者一品,感受线上棋牌的演进和从业者的前赴后继,大批弄潮儿共同绘制了波澜壮阔的互联网进程中的一角。从联众的盘古开天地,到企鹅帝国QQ游戏大厅的称霸,从PC时代联众、边锋、同城游等群雄割据,再到JJ斗地主赛制的横空出世,昙花一现的地方房卡模式为后来者敲响了警钟,随着抖音、快手的崛起,播玩联动成为了棋牌领域新的时尚……

写一本书是很难的事情。

写一本系统化探讨斗地主技巧的书是难上加难的事情。

写一本易于大家读懂,系统化探讨斗地主技巧的书,是极其富有挑战性的事情。由于工作和生活的原因,我有几次停滞,有过放弃的想法,是身边的同事和朋友不停地给予帮助和鼓励才得以继续。

感谢卢训涛，带我快速熟悉并了解JJ平台，支持我在工作之余整理斗地主的内容材料。

感谢罗琨和周权，从玩家视角和从业者视角给了我很多启发。

感谢王超对全书200多张图片的加工，让案例看起来更清晰。

感谢李秀岩，对样稿详读并批注，从专家角度给予我一些非常中肯的建议。

感谢高源，作为JJ斗地主官方解说，抖音棋牌领域第一大V，很耐心地看完样稿并批注，同时为本书作序。

感谢郑海生郑总，每一位在职的和离职的JJ人都得到您学识和品行的惠泽，感谢为本书作序，涕零难表。

感谢公司和领导对我研究棋牌的大力支持，同时给机会让我能够以经营视角将理论与实践结合。

感谢家人的支持，家庭的信仰鞭策我不断拼搏和沉淀。

另外，为了便于书写和阅读，书中扑克10均由0代替。有些书中是用T代替（英文10的首字母）。

齐爽

2023年5月

目 录

第 1 章　斗地主的本质

1. 三方参与 ·· 3
2. 非完全信息 ·· 4
3. 动态博弈 ·· 5

第 2 章　斗地主叫分技巧

1. 牌力评估 ·· 11
   1.1　牌权和牌力值 ·· 11
   1.2　手牌结构化 ·· 12
2. 叫分技巧 ·· 18
   2.1　综合考虑牌力外因素 ······································ 20
   2.2　什么情况下叫 1 分和 2 分 ······························ 25
3. 常见 3 分牌型及获胜概率 ··· 27
4. 霸王叫与延迟满足 ·· 30

第 3 章　记牌和算牌

1. 初级记忆点 ··· 35

- 1.1 记断张 35
- 1.2 记大牌 35

2. 进阶记忆点 36
- 2.1 记外面能管得上自己特殊牌型的牌 36
- 2.2 记构成顺子的特殊牌张 37
- 2.3 记底牌数值和花色 37

3. 高阶记忆点 38
- 3.1 记同伴获得领出权时出的牌型 38
- 3.2 记对子 38
- 3.3 记本局中出现的特殊牌型 38

4. 算牌有哪些技巧 39

5. 锻炼记牌的小方法 44

第4章 农民技巧

1. 地主上家（门板位）常用技巧 49
- 1.1 顶牌 49
- 1.2 让牌 57
- 1.3 送牌 58

2. 地主下家（顺跑位）常用技巧 68
- 2.1 管牌 68
- 2.2 接牌 69
- 2.3 顺牌 70

2.4　送牌 ·· 70

3. 农民进阶技巧 ·· 70

　　3.1　确定主跑位 ·· 71

　　3.2　获得领出牌权后的选择 ·· 73

　　3.3　桥联战术 ·· 74

　　3.4　农民先打底牌 ··· 76

4. 农民配合精彩案例 ·· 77

第5章　地主技巧

1. 地主开牌技巧 ·· 99

2. 地主行牌常用技巧 ·· 106

　　2.1　重视牌权牌 ·· 106

　　2.2　重点关注主跑方 ·· 112

　　2.3　投石问路 ·· 117

　　2.4　出牌顺序 ·· 119

　　2.5　拆牌打法 ·· 124

　　2.6　藏牌技巧 ·· 130

　　2.7　摆尾技巧 ·· 135

　　2.8　出牌时间 ·· 139

3. 地主强控牌打法 ·· 140

4. 地主弱控牌打法 ·· 148

第6章 关于炸弹

1. 地主防炸 ·· 169
2. 农民何时炸 ······································ 171
3. 王炸的礼节 ······································ 175

附录1　线上棋牌游戏发展简史 ············ 177
附录2　大数据分析汇总 ························ 185
后　记 ··· 187

第1章　斗地主的本质

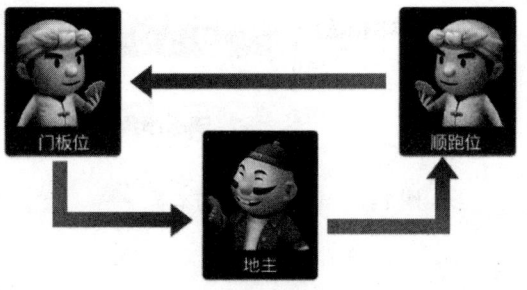

斗地主，是一种在中国流行的纸牌游戏，该游戏最初流行于湖北武汉一带，现已逐渐在全球各地流行。游戏使用一整副扑克共54张牌，由3个玩家进行，其中一家为地主方，其余两家为农民方，双方对战，地主先出完牌则地主胜，农民只要有一家先出完牌则农民胜。

说到斗地主技巧，首先我们要了解斗地主的本质是什么，脱离了本质谈技巧犹如无根之木，无源之水。斗地主的本质奠定了我们讨论斗地主技巧的基石，是本书最核心的地方，几乎所有的斗地主技巧都可以由此推导出来，接下来我们会以举例的方式让大家更容易看明白。

斗地主的本质其实是一种博弈。那么什么是博弈呢？博弈论是研究游戏中个体行为（预测行为和实际行为）及研究它们的优化策略。从博弈论的视角来看，斗地主属于三方参与的、非完全信息的动态博弈（图1-1）。下面我们分别来看下。

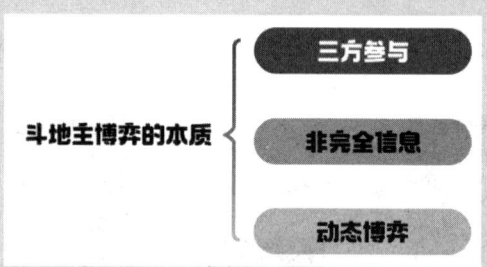

图1-1　斗地主博弈的本质

1. 三方参与

对棋牌而言，博弈论指二人在平等的对局中各自利用对方的策略变换自己的对抗策略，以达到取胜的目的。其实在我们身边博弈论的应用是很常见的，我国古代的《孙子兵法》，就不仅是一部军事著作，也是我国乃至世界上最早的博弈论著作。二人（或两方）参与的博弈称为二人博弈，超过两个参与者的博弈称为多人博弈。斗地主显然是三人博弈，三人博弈相比于二人博弈要更复杂一些。因为二人通常为竞争（百米赛跑）和对抗（拔河），三人则可能既有合作又有竞争。

在棋牌游戏中，象棋是二人对抗，斗地主是三人参与，麻将和双升是四人参与，这里面最复杂的其实是斗地主。为什么三人的要比四人的还要复杂呢？四人麻将是各自为战（不需要配合），双升是事先就会分成2组，所以其本质还是2组对抗。斗地主游戏中，农民的配合往往能左右成败，这也是斗地主的魅力所在。"三方参与"会引导出两个问题：我是什么角色？我当前角色的最优策略和行牌方案是什么？

2. 非完全信息

什么叫非完全信息呢？非完全信息和完全信息是对应的，完全信息博弈是指每一方参与者都拥有所有其他参与者的特征、策略及得益函数等方面的准确信息的博弈。简单来说，信息都是公开透明的，你有什么我有什么、大家的目的、大家能做些什么、获得什么收益……这些信息全部都是公开的。比如象棋和围棋，就是典型的完全信息博弈。大家都在一个棋盘上，彼此有多少棋子，在什么位置，当前的布局阵势完全是公开的，并没有信息不对称性。如果业5级的选手跟业9级的选手下象棋，几乎没有赢的可能性。在完全信息博弈的游戏中，存在明显的算力碾压特征。

斗地主和麻将则是非完全信息博弈，我们不知道其他参与方的手牌是什么，麻将中我们不知道对手要胡什么牌，斗地主中我们也不知道对手在等什么牌型。所以在这种类型的博弈中，如果我们能够获取和推算出更多的信息，将大大提高获胜概率。这就引出一个技巧——如何获取更多的与牌相关的信息？牌的信息细拆的话有三个方面：

①剩余牌的信息（记牌）。

②牌型信息（算牌）。

③牌的分布（在谁手中）。

3. 动态博弈

什么叫动态博弈呢？动态博弈与静态博弈是对应的，指游戏参与人的行动有先后顺序，而且行动在后的参与人可以观察到行动在先的参与者的选择，并据此作出相应的选择。这种博弈无论如何都无法看作同时决策，所以叫作动态博弈，也称"多阶段博弈"。先说结论，由于动态博弈这个特性，斗地主博弈也就同时具备了两个特点：多阶段和顺序性。

我们生活中最常见的静态博弈大家都玩过——石头、剪子、布。还有一个常被提起的典型的静态博弈是"囚徒困境"，背景是这样的，警察将两个嫌疑人同伙关在不同的屋子里。警方给出的政策是：

①如果两个犯罪嫌疑人都坦白了罪行，交出了赃物，于是证据确凿，两人都被判有罪，各被判刑8年。

②如果只有一个犯罪嫌疑人坦白，另一个人没有坦白而是抵赖，则以妨碍公务罪（因已有证据表明其有罪）再加刑2年，而坦白者有功被减刑8年，立即释放。

③如果两人都抵赖，则警方因证据不足不能判两人的偷窃罪，但可以私入民宅的罪名将两人各判入狱1年。

表1-1所示是决策矩阵。后面我们也会用到类似方法。

表 1-1　囚徒困境规则

A/B	坦白	抵赖
坦白	8, 8	0, 10
抵赖	10, 0	1, 1

研究表明，当两个人没有串通的情况下，"坦白"是对任一方来说情况不会变得更差的选择，所以在"囚徒困境"中都坦白是一个均衡状态（学术上称之为纳什均衡）。

"石头、剪子、布"和"囚徒困境"都是静态博弈，也称为一次性博弈。决策是同时做出的，我们没法根据其他人的抉择来确定自己的策略，只能揣摩。而斗地主是多阶段的动态博弈。动态博弈与静态博弈有两个重要区别：

①多阶段性，上一个阶段的最优选择有可能在下一个阶段变为最差，一系列的最优选择累加起来结果可能并不好。

②顺序性，在动态博弈中有先后顺序，有的时候先动者有优势，有的时候后动者有优势。顺序是做决策的重要考虑因素。

有人说你讲这个有啥用，有了这两个特点又能怎么样呢？有了这两个特点就会得出斗地主中比较高级的技巧——信号牌。由于斗地主具备多阶段和顺序性这两个特点，让发送"信号"和接收"信号"变得非常有意义，很多打牌高手往往深谙此道。

至此，我们已经推导出了斗地主技巧的理论框架。由于斗地主是三方参与的、非完全信息的动态博弈，这就引出了斗地主技巧体系的核心问题：

➢ 我是什么角色？（叫分、角色决定了策略）

➢ 如何让队友知道自己的牌型？（信号牌，发信号和收信号）

➢ 如何获得更多的牌的信息？（记牌和算牌，即牌张、牌型、在谁手里）

➢ 我当前的最优行牌方案是什么？

以上4个问题基本覆盖了所有斗地主技巧，这其实也正是斗地主的大体流程，叫地主、出牌循环（同时算牌），最终决出胜负。下面将结合大数据分析和真实大赛案例，通过叫分、记牌和分角色技巧，循序渐进地探讨如何提高斗地主技巧。

要点小结

✓ 斗地主的三个特点：三方参与、非完全信息、动态博弈。

✓ 三方参与：自己的角色及行牌策略。

✓ 非完全信息：记牌和算牌。

✓ 动态博弈：叫分博弈、行牌方案、收发信号。

第2章　斗地主叫分技巧

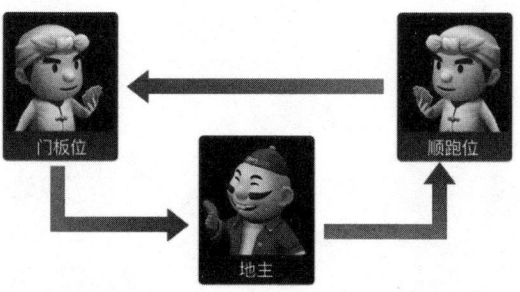

叫分是各方玩家在斗地主牌局中进行的第一次表态，叫分会决定每一个玩家在本次斗地主牌局中的角色。这是非常关键的一步，很多初学者喜欢上来就叫3分，希望能够多拿3张牌，期待这3张牌要么是大牌，要么是能够把自己手牌补全的"缺牌"，这是典型的侥幸心理。叫分切忌"赌底牌"。我们对数亿场在线牌局进行过大数据统计分析：缺一张牌，能够通过底牌补全的概率是27.18%，也就是说有超过70%的概率是补不上来想要的牌的。

不同玩法的斗地主在叫分环节也会略有不同，为了简化，本章均以经典斗地主为例，那种可以超级加倍的"欢乐斗地主"我们暂时不讨论，原理其实都差不多。在探讨这个问题之前，我们先了解几个非常重要的概念以便后续的探讨：首出牌权、领出牌权、牌权牌和牌力值。

1. 牌力评估

1.1 牌权和牌力值

首出牌权，即地主拥有的特权，也可以称为"开牌"，此时可以出任一组合的牌型。

领出牌权，是指在上一轮出牌时，最后一个出牌的玩家获得下一轮领出任意牌型的权利。由于没有其他人再管他出的牌了，那么他将获得领出牌权，在下一轮出牌的时候，可以打出任意牌型。领出牌权往往是需要消耗大牌去抢去拼的，经常打斗地主的人都喜欢尽可能多地拥有"王"和2，因为这是最常见的获得领出牌权的牌。

领出牌权的变化次数也是一项非常有趣的指标，通过数亿场牌局的大数据统计分析，我们发现地主获胜时领出牌权的变化次数平均为8.5次，而地主平均要获得4.2次领出牌权次。领出牌权变化次数多的牌局较为精彩，对参与者的记牌要求也比较高，这种牌局往往拼得比较凶。领出牌权变化是衡量一局牌打得是否精彩的重要指标之一。拼抢领出牌权往往都带有一定目的性，即释放某种信号。为了方便讲解，本书案例中我们把每一次夺得领出牌权称为"1轮"。

牌权牌，顾名思义，就是极有可能获得领出牌权的牌。每张牌都是有职责的，比如火箭、王、2、OJQKA，KKKAAA 和炸弹等。对于初级牌手来说，大小王 4 个 2，一共 6 张牌，可以看作首发的 6 张牌权牌，有的地方也称之为"吊"。随着牌值高的牌逐渐被消耗掉，牌权牌的牌力往往会逐渐走低。

牌权牌有个重要特点，就是存在位置的"先后手"。比如王已经都出去了，则 2 在单牌领域里具有领出牌权，如果只有一个 2 了，那么这个 2 具有单牌领域的绝对牌权。如果还有两个 2，则要想获得单牌领域牌权还有先后手的区别，位置靠前的具有先发优势，第二个 2 只能眼看着，这个技巧在实战中经常用到。

领出牌权和牌权牌的区别是，前者表达的是结果，表示已经获得了牌权。牌权牌则是一张牌，能不能获得牌权是不确定的。

牌力值，指给大牌赋予点数，比如大王是 3 点，小王是 2 点，2 是 1 点，A 是 0.5 点，手牌的点数加总即为当前手牌的牌力值。牌力值越高，获胜的概率越大，牌力值是叫分的重要参考因素。这个有什么用呢？后面说到霸王叫的时候就会用到，平时我们自己玩的时候，牌力值也可以作为叫分的一个参考因素。

除了上面几个关键词，还有一项重要的影响叫地主的因素，那就是手牌结构化。

1.2 手牌结构化

其实我是比较排斥用公式来描述斗地主这种具有很强灵活性的游戏

的，不过这个公式确实可以帮助我们评估获胜的概率，以便我们更理性地叫分。我们可以把手牌全部打出去这个过程看做一个加法公式：

$$Win = A+B+C+D+E+F\cdots\cdots$$

每个字母代表了一手牌，牌是否"整"决定了字母的数量。牌权牌也是一个字母，不过后面会携带一个"+"，这个加号非常重要，可以在等式右边带走更多的字母。牌权牌的数量决定了我们能拥有的"+"数量，即每一个主动的"+"其实都是一个领出牌权。刚刚我们提到了，地主获胜平均要获得4.2次领出牌权（算上地主的首出牌权），所以有把握地当地主的前提条件是除了首出牌，手牌还要具备抢得3.2次领出牌权的牌力，否则就低于平均水平，当地主就有较大风险。如果有4手牌权牌，那么叫地主是相对比较稳妥的，当然这不是绝对的，也要看其他牌的牌型。如果手牌中有炸弹，可看作一次超级牌权。

"+"还有一个被动来源，就是顺牌，可理解为天降加号，在地主弱控牌（后面我们会讲这项技术）牌局中经常会见到。如果当地主时碰到有经验的上家（即门板位），通常是不会给我们太好的顺牌机会的。

当三家拼得比较凶的时候，中小牌力的牌在中后期也会逐渐升级为牌权牌。这也是地主牌弱时的一种控牌策略，这种对局对玩家的记牌能力考验较大。

Win（叫地主并获胜）的衡量标准就是去寻找这些加号，把20张手牌字母组合的方式串起来，最早地把牌都扔出去。公式的目的是让我们除了看牌权牌，也要看小碎牌，比如手里有3356，3445，3455等这种小碎牌比较难补成整齐的牌型，"+"如果带它们，就没机会带其他牌了，此时即使有三四张牌权牌难度也会很大。下面我们来看一场非常精彩的地主手牌结构化案例。

案例 1. 地主手牌结构化（图 2-1～图 2-5）

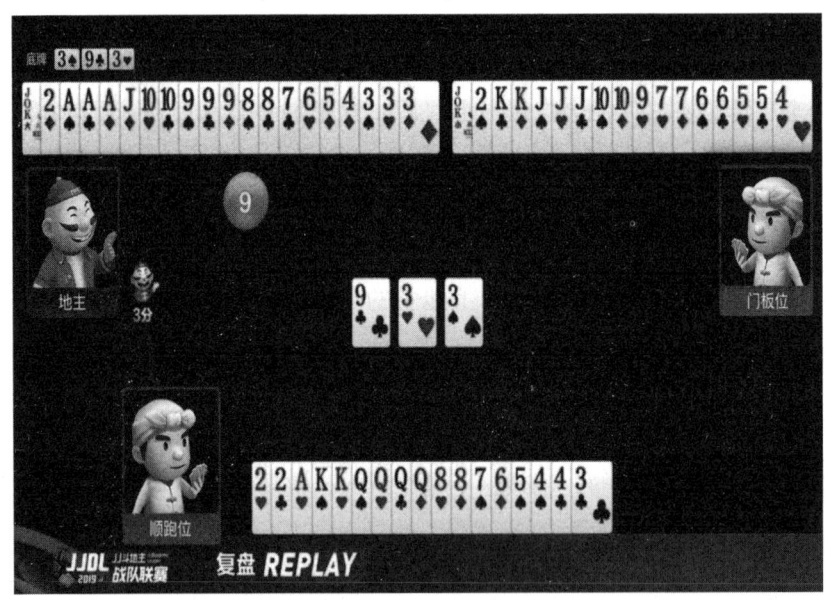

图 2-1　案例 1（手牌结构化）开局视图

这是 JJ 斗地主战队联赛中的一局牌，比赛双方来自陕西创世晖腾和山西智乐天下。本书绝大部分案例都来自专业大赛中的实战录像，我们以"上帝视角"来进行"事后诸葛"式的分析。地主位于左上角，此时有多种方式进行"手牌结构化"。大概有以下这三种思路：

① 33，34567890J，0，99，8AAA，2，王。

② 3338，45678，999J，00AAA，2，王。

③ 3338，4567890J，0AAA，99，2，王。

在不知道其他人手牌的情况下，哪一种选择更好呢？我们来看看地主在实战中的选择。

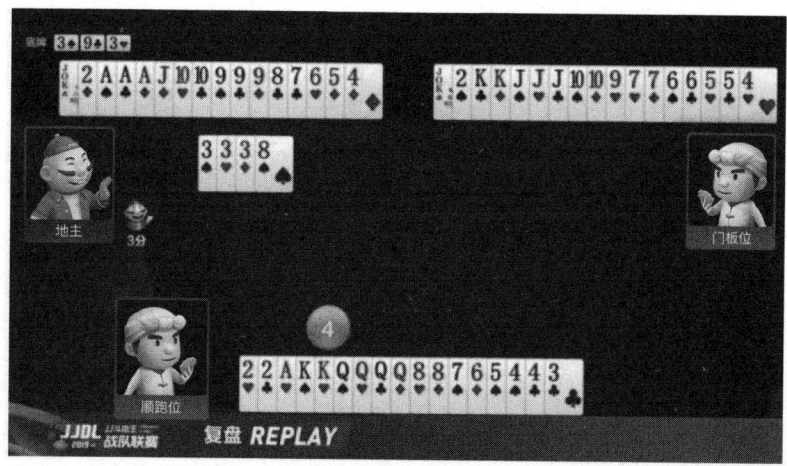

图 2-2 案例 1（手牌结构化）第 1 轮

第 1 轮行牌，地主选择了第 2 种方案，先领出了 333 带 8。此种开牌方式有两个好处，一方面手中有 AAA 可以作为牌权牌拿回领出牌权，另一方面继续保持了手中 4～J 长顺子的变化。

图 2-3 案例 1（手牌结构化）第 1 轮续

第 1 轮继续，地主下家没有要，地主上家（门板位）用 JJJ 带 4 压住，地主按照原计划 AAA 带 J 成功拿回领出牌权。

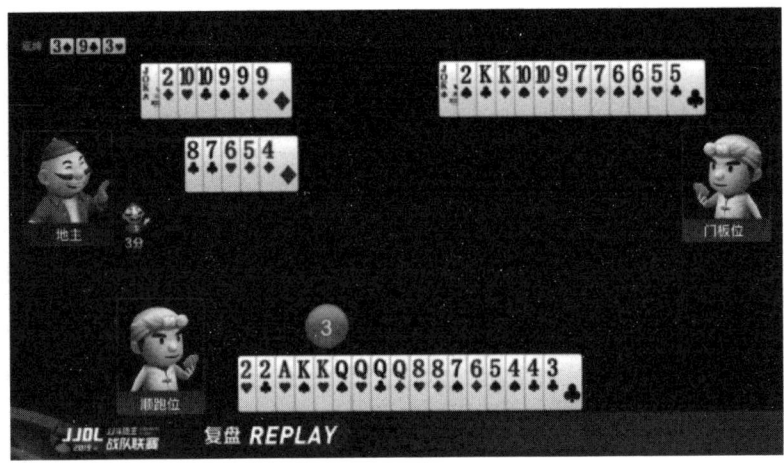

图 2-4 案例 1（手牌结构化）第 2 轮

第 2 轮，地主继续冲了 45678 顺子去试探，恰巧 45678 农民没有人能要得上，地主保持领出牌权。

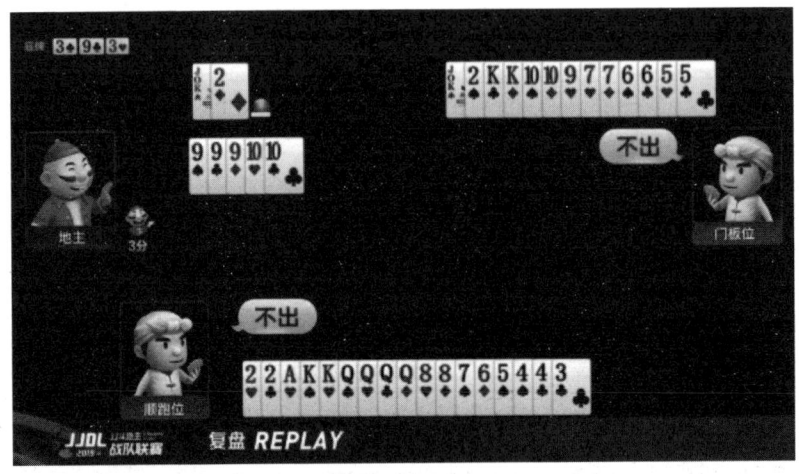

图 2-5 案例 1（手牌结构化）第 3 轮

第 3 轮，地主继续冲 999 带 00。外面还是有 Q 和 K 成炸弹的可能性，地主这种保守的选择也是较明智的，农民还是没法要，地主继续领出。

第 4 轮，地主再出一张单 2，此时农民虽然有 QQQQ 炸弹，但已经炸不动了，地主获得胜利。

地主这局取胜的关键点就是在手牌结构化和开局选择（即手牌规划）上，既有牌权牌回牌，又保持了手牌的变化。有一个成语叫庖丁解牛。庖丁是厨工，当牛活生生站在面前的时候，他的脑海中已经将牛彻底分割好了。这个成语比喻经过反复实践，掌握了事物的客观规律，做事得心应手、运用自如。斗地主也是一样的，当我们熟练了，拿到一手牌后，应该像庖丁一样，脑海中形成上面这个加法公式的各种组合。这里要注意，是组合而不是一个公式。在牌局未结束前，不要给自己的手牌确定的公式，不要给手牌任何枷锁。比如0JQQQKKA这个组合，有可能是0JQKA，有可能是QQQ带个0，单A还可以用来扛牌，也不排除一些特殊情况我们用QQQKK去管牌，即使这样看起来有些浪费。之前看到过一些玩家认准了0JQKA这个组合后就只想把QQ和K打出去。有时候我们位于地主上家的时候，用A扛一手牌跟用K是天壤之别，很有可能地主就因为一张单A没垫出去而失败，这种情况在高手对局中非常常见。

所以是否叫分，主要看牌权牌的数量（即牌力）和手牌结构化的整齐程度（牌型），另外玩家的个人风格也会有较大影响。下面我们也总结了一些叫3分的常见牌型。

要点小结

✓ 首出牌权，即地主拥有的特权，也可以称为"开牌"。

✓ 领出牌权，是指在上一轮出牌时，最后一个出牌的玩家获得下一轮领出任意牌型的权力。

✓ 牌权牌，极有可能获得领出牌权的牌。

✓ 地主获胜时领出牌权的变化次数平均为 8.5 次。

✓ 地主平均要获得 4.2 次领出牌权次。

✓ 缺一张牌，能够通过底牌补全的概率是 27.18%，也就是说有超过 70% 的概率是补不上来想要的牌的。

2. 叫分技巧

了解了牌力评估，我们还应避开两个叫分误区。

误区一：牌好 = 叫分

首先我们先明确一个理念：好牌不一定要叫分。牌比较一般的时候，有时候也可以叫分，大家一定不要把"牌好"和"叫分"划等号。叫分只是一个争取获得地主的机会，当地主的优势是有首出牌权同时会额外获得三张底牌，仅此而已。地主要同时面临两家农民，只要有一家跑掉就算输了，所以表态要慎重。

牌好 ≠ 叫分。叫分前要先看自己这局牌所处的环境、赛制和阶段。我们以比赛玩法举例，比如我们已经在比赛玩法的决赛桌了，并且在三个人中已经有一些微弱的分数领先优势。此时我们有多种选择，叫分不一定是最优的。如图 2-6 所示，是不是让分数最高的人当地主，我们的收益是最大的呢？

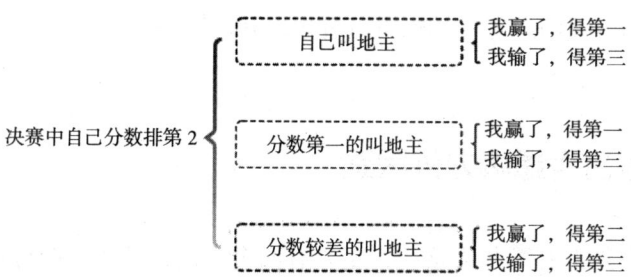

图 2-6　当自己分数排第 2 时不同决策的收益

有人会说牌不错，我要拼一把当地主。如果牌真的不错，那当农民赢的概率不是更大么？而且在决赛阶段，我们的牌比较好的情况下，其他人的牌往往也不错。

现实生活中，我们会发现很多玩家是这样想的："不管我拿什么牌，我都要叫分，抢个地主当，我是第一个出牌的，而且万一底牌下面两个王一个 2 呢？"这是非常典型的错误叫分思想。

误区二：叫分 = 叫 3 分

在叫分的时候，还有一个问题就是叫多少分的问题。即使选择叫分，也可以选择叫 1 分、2 分或 3 分，很多玩家认为叫地主就是直接叫 3 分。那为什么规则上还提供给我们 1 分和 2 分的选项呢？我们分析一下，叫不同的分其实有不同的含义，同时也会给其他人传递不同的信号。其他人（后续可能是队友）会根据你叫分的方式，来分析我们的手牌牌型，同时还会根据我们多次叫分的方式来揣摩我们的行牌风格。

如何避开这两个误区呢？有两个对应的小技巧：

①综合考虑牌力外因素可以让我们不局限于牌力本身。

②问下自己是否可以叫 1 分或 2 分，可以避免冲动叫 3 分。

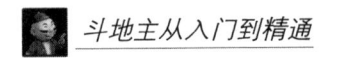

通过这两方面的思考，我们可以有效避开误区。

2.1 综合考虑牌力外因素

那么牌力外都有哪些因素呢？主要有四个方面：断张、叫分位置、叫分时间和赛制形式（对手的实力和状态）。

2.1.1 断张的影响

断张其实属于牌力评估的不确定部分，是叫分必须考虑的一个点，当手牌里存在断张，就需要考虑外面可能存在炸弹，这个时候可以根据自己牌型能否防炸作出合适的叫分。大数据统计分析发现：在自己没有王的情况下，外面有王炸的概率是48.47%；手里有断张，外面有炸弹的概率是10.25%，且断张越多外面存在炸弹的概率越大。

2.1.2 叫分位置的影响

不同方位收集到的叫分信息是不同的。首家在叫分阶段收集不到信息，因此叫分需要谨慎，除非牌力很足、牌型整齐或牌型具有很多可补性，不然不建议直接叫满。

我们先来看看首叫位。首叫位即第一个拥有叫地主权力的位置。首叫位如果叫了3分，其他两家就没有机会叫地主了，即使牌很好。有些玩法会增加"抢地主"和"踢"。欢乐斗地主可以在首叫位直接叫了地主后再"抢地主"，同时底分加倍，可来回抢多次。"踢"是指叫地主的人还继续当地主，但踢的人将底分加倍与地主单独结算，不踢的人不受影响。这些玩法我们不多做展开，还是围绕经典斗地主来讨论。

有些牌型牌力非常强，在首叫位可直接叫3分地主。有些牌型牌力较强但不是特别强，在首叫位可尝试叫2分。如果2分当了地主，输分会较少，基本也能保证晋级。如果有其他人抢了3分，鉴于我们是牌力很强的农民，那么赢的概率要比平时大很多。此时可利用首叫位的先发优势给后续的人施加压力。

末家叫分也有后发优势，因为已经收集了其他人对自己手牌的叫分信息，此时我们可以根据自己现在的状况（分数、名次、比赛阶段、手牌、预期目标）进行综合判断，再进行叫分。比如在锦标赛玩法中，一家叫了1分，另一家叫了2分的时候，要谨慎叫分，有经验的牌手不会随便叫分，如果两家都叫分了，说明两家大概率有偷跑或抢跑的可能性，此时没有绝对牌力就叫3分的话会很难打。

2.1.3 叫分时间的影响

这个是经常被大家忽略的一个点。面对高手，不露破绽。叫分的时候，尽量用一些时间来思考，不要马上叫分或不叫，这样可以迷惑对手。消耗时间说明我们在思考，在做抉择，说明我们的牌力介于可叫和可不叫之间，或者我们在犹豫叫2分还是叫3分。即使自己牌力非常强，也装作犹豫几秒，让对手放松警惕。

比如牌型是先出一手888带3，其他手牌都非常好，如果外面没有AAA能管到的话就"春天"了。这时候如果叫分时候很强势，那外面的AAA砸锅卖铁也会管上我们的，必须制造点麻烦。如果我们在叫分的时候很犹豫，农民会觉得地主的牌力可能也没那么强，先放我们一手看看，此时就有可能偷打一个"春天"。

分享一个我叫分被虚招晃到的实战小案例,这是在 JJ 斗地主平台进行的 10 元话费锦标赛中的一局牌(图 2-7、图 2-8)。

图 2-7 叫分案例之叫分前

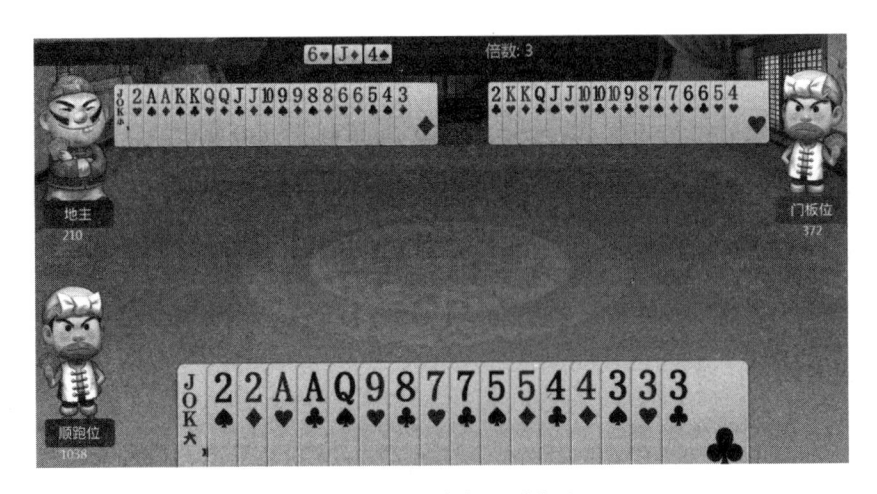

图 2-8 叫分案例之叫分后

此局牌我在左上角方位,下方玩家在首叫位,其手握大王 22AA,且牌型相对整齐,一分不叫秒过。下家由于只有一张 2,牌力值相对较差,也是一分不叫秒过。此时我有以下几个选择:

①不叫流局。

②叫 1 分。

③叫 2 分。

④直接 3 分拿起。

复盘来看，我有 3、5、6 三张单牌，且大王不在手里，此时比较稳妥的方式是方案 1 或方案 2。不过鉴于前两个玩家都是秒过不要，造成了两家牌都很不好的假象，特别是首叫位，非常具有迷惑性。而我一时冲动，选择了方案 4。结果底牌上来是 4、6、J，结果可想而知。对于我来说这是一次失败的案例，对于首叫位玩家来说，是一次成功的迷惑，如果他（首叫位）叫 3 分，以我的牌力在他上家的位置会令他非常痛苦，而他下家的牌虽然不是很整，但也有较大概率顺利逃跑。

2.1.4 赛制对叫分的影响

相信很多人玩斗地主是打锦标赛的。锦标赛到底是什么呢？大家更熟悉的玩法可能是金币场，也称作自由桌，或者叫岛屿赛。锦标赛是指一群人参加一个比赛，按照一定的赛制进行组桌和淘汰，最终决出名次的玩法。现在各大斗地主平台都有这种玩法，斗地主直播的内容大多数也都是锦标赛（后面我们会专门有个章节介绍斗地主赛制）。那么锦标赛和自由桌在叫分策略上会有哪些不同呢？

自由桌的目标是价值最大化，大家都是公平的，都会抓到好牌或烂牌，好牌时候要尽可能多赢一些，烂牌的时候要尽可能少输一些。锦标赛则不一样，锦标赛的目标是进入奖励圈，并尽可能在奖励圈里走得远，这就导致锦标赛中生存是第一要务。

锦标赛中可使用"扮猪吃虎"策略，谨慎直接叫3分，好牌也叫两分，保持高胜率。图2-9是我在一场中高端比赛中的名次曲线，上方波动较大的曲线代表的是我每轮的名次，下方波动较小的曲线是每次晋级的最低名次。我就是采用"扮猪吃虎"的策略，一共打了13局牌，我只选择了2次当地主，而11次选择当农民，大家可以看到我此轮比赛当农民的胜率高达82%，因为我在介于叫地主和当农民两者之间的时候基本都选择了当农民，地主碰上我这样经验丰富且手牌牌力比较高的农民，当然要吃苦头了。

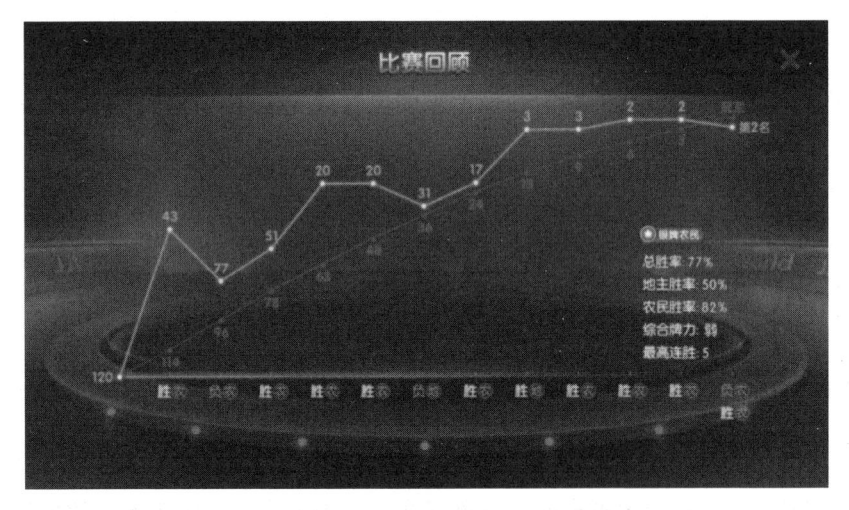

图2-9 锦标赛中扮猪吃虎策略的名次曲线

低调当农民也不是绝对的，如果在锦标赛中抓到牌力非常强的牌，那还是要坚决3分拿起的。锦标赛会随着赛程不断调整积分底数，所以即使前面有一些积累，到后期削弱得也微乎其微了。一旦进入决赛圈就更不一样了，这时候已经保证了最低收益（进入奖励圈），此时要开始冲名次了，特别是在分数较低的情况下。另外，跟同一个人打多轮的时候，要注意虚虚实实，不让别人猜透自己的心思，正所谓"兵者，诡道也"。

锦标赛时，快淘汰的玩家无论牌多烂都会孤注一掷叫3分，换位思考是可以理解的，反正叫不叫都要被淘汰了，被逼到悬崖边上当然要搏一把，把命运掌握在自己手中。这种叫分输的概率相当大，极少可以逆袭翻盘的，所以我们不妨让其当地主。

2.2 什么情况下叫1分和2分

很多人只习惯叫3分，甚至忽略了1分和2分的存在，这是需要调整认知的，特别是打锦标赛玩法的时候。叫1分或2分，其实是在告诉未来的队友"我的牌还不错，可以跑"，有些人会说"地主还没定呢，哪来的队友？"如果我们叫了1分或2分，那么另外两个人会有一个人会成为地主，另一个人会成为我们的农民队友，咱们的叫分就是在告诉队友我的牌力大概是什么水平。

在队友眼里我们的牌力会分为三个档（不叫、1分、2分），有经验的队友会根据我们的牌力打配合。比如1分，可能是牌比较整，但没大王。或者是有那么点牌力，但不足以控场。或者是打比赛到了后期阶段，牌不错怕流局。总之，要么有机会能跑，要么可以扛一扛地主当一当"门板"。我个人通常会在有22且其他牌也差不太多（当地主上家可以稍微制造些麻烦）的情况下叫1分，以告知队友，我可以打一打配合。

如果叫1分让你对斗地主有了新的认知，那么叫2分在某些方面可以说是斗地主的叫分精髓，很多高手特别喜欢叫2分。为什么这么说呢？叫2分是典型的心理战。不叫分会让对手轻敌，叫2分会让对手有所顾忌。一般来说叫2分即代表拥有不错的牌力，潜台词是"我也能当地主，谁要是牌更好就把三张底牌拿走，看你好不好打"，所以叫 2 分通常带有威胁之意。打锦标赛的时候，很多高手足够叫 3 分的牌力也叫 2 分，为的是保持胜率以进入奖励圈，或在奖励圈里走得更远。牌力不错且牌比较整的时候，叫 2 分的胜率要比叫 3 分高很多。牌整的时候特别怕补牌补"花"了，有经验的牌手不会期待底牌"雪中送炭"，能够"锦上添花"就不错了，底牌来添乱的概率是极大的。

叫 1 分或 2 分其实也是在自我保护，确保此局不要流局。当我们牌不错且不想要额外的牌来"搅合"的时候，如果三家没人叫分，就浪费这一手好牌了。当然了，激进一些也可以叫 2 分。但不建议叫 3 分，因为牌比较整，一旦补牌不好，容易失去对牌局的控制。

同一副牌，在不同的环境下，也可以有不同的叫牌策略，比如 222AAKQJ088877754 这副手牌，在自由桌游戏中可选择叫 2 分，激进一些的牌手可叫 3 分，在锦标赛前三分之二赛程可尝试叫 2 分，在决赛中可激进叫 3 分，如果分数领先较多也可以像上面说的叫 1 分或 2 分，以保证此局不流局。

要点小结

✓ 叫分的两个误区：

误区一：牌好 = 叫分

误区二：叫分 = 叫 3 分

✓ 牌力外影响因素：牌型、叫分位置、叫分时间和当前赛制形式。

✓ 手里有断张，外面有炸弹的概率是 10.25%。

✓ 叫 1 分、2 分其实也是在自我保护，确保此局不要流局。

✓ 同样的一副牌，不同的环境可以有不同的叫分策略。

✓ 打比赛时尽量用"扮猪吃虎"的叫分策略，先确保自己进入奖励圈。

3. 常见 3 分牌型及获胜概率

下面我们来看下常见的 3 分牌型，以及通过大数据分析计算得出的获胜概率。

①天牌。什么是天牌？就是牌力值好到极致，谁来打这副牌基本都会赢，比如王炸 +2222、大王 + 炸弹 +2222、王炸 +22AAA、大王 +22+AAA+KKK、王炸 + 超长飞机或者一条长顺顶天顺（可判断外面没炸弹）且手里有两三轮的绝对牌权，等等。总之就是牌非常好，经常玩斗地主的一定会遇到天牌。此时只要自己不犯低级错误肯定能稳稳得分的。遇到天牌时一方面是要想办法看看有没有春天的机会，另一方面也要居安思危，自己是天牌，外面也有可能牌很整且有炸弹，需要提防。天牌必须果断叫 3 分，无论第几顺位叫分。

②有火箭。有火箭且无其他炸弹的情况下，叫地主获胜的概率高于 77.28%。这个概率很高，我们之前提到过，地主想要打赢的话，平均需要具备 4.2 次以上的领出牌权，大小王本身就可以获得两次单牌的稳定牌权。此时要看断张是否多，考虑外面最多有几个炸弹。如果外面没有炸弹且手中有 1~2 个 2，基本就可以直接打 3 分。如果缺牌很多，且没 2，那建议还是叫 2 分吧。火箭有个最大的好处，就是输牌可以不输炸，赢牌可以赢

一炸，甚至还有拆王求胜的后手，主动权在自己手中。有火箭且牌力不足的时候要舍得果断拆王，否则就不是牌不够打，是自己的决策失误导致输牌。

③有大王22。此时获胜的概率是66.05%。这种牌型其实要谨慎叫3分，从牌力上讲大王可以看作是一个炸弹，6张牌权牌已经占了3张，但实际上只能获得两手领出牌权，因为小王99%会压死单2的，如果不拆2，大王和对2可获得两手比较稳妥的领出权。如果拆2，大王会获得一手领出权，另一个2还会有被外面的两个2顶住的风险。此时如果再有AA还相对好打一些，如果没有A，那么大王22带队（在其他牌也都是一般牌的情况下）是比较考验地主控牌能力的。

④小王22。此时应谨慎叫分，其失败率较高，获胜的概率是49.33%，不足一半。跟上面的大王22带队相比较，小王并不是绝对牌权牌，而且大王是否压小王的主动权在其他人手中。如果大王不压小王，且我们手中后续还有单牌的话，就比较危险了。一旦拆开对2，就容易失去对牌局的控制能力。不过，此时如果A多或牌整且包容性不错的话，也是可以直接叫3分的。首叫位可以叫2分，激进一些的也可以叫3分，非首叫位的话，视情况可以叫3分。

⑤222AA。这种牌型获胜的概率是50.33%。如果是首家叫分位，叫2分胜率极高，特别是牌整的时候，此时如果其他人抢地主叫3分，可以打到地主怀疑人生，比赛中可采取这种策略。此牌型也可以直接叫3分，牌力也是够的，这种牌要先试探王的分布，如果拆开的王，小王一定会压你第一个2的，那么可以放心不会输炸了，如果火箭成立，则意味着我们会多2轮牌权，也会相对比较好打。此牌型有个好处，就是"对A"基本拥

有对子领域的绝对控制权。

⑥2222。这种牌型获胜的概率是58.31%，也可以直接叫3分，不过4个2往往是要拆的，切勿因为想留住炸而丧失逃跑机会。这种牌型其实没有222AA好（其他牌基本一样的情况下），因为2222的牌型遇到"对子"会比较棘手，而222AA牌型则比较好控制对子。如果2222且其他牌也很好，那就属于天牌范畴了。

⑦炸弹。此时需要至少2张牌权牌带队，且低调求生存。有炸弹且有22的牌型，获胜的概率是58.31%。炸弹不像其他牌权牌一样，可在前中期出，牌局不明朗的时候玩家最好不要轻易出炸弹，炸弹和火箭一样，要么正常输分，要么赢分加倍，切勿局势不明朗的时候炸了，最终导致加倍输分。所以炸弹牌型需要除了炸弹以外的2~3个额外牌权牌来补充"+"。有炸或者火箭时，输会输3分，赢可以赢6分。从实战概率来看，有炸且牌力不错的时候，胜率大于50%。

⑧很整的牌型。比如长顺和长双顺，且无多余杂牌，或者777888999这种超级豪华大飞机可携带多张余牌，此时可以不追求4手领出牌权，但至少要有一两手绝对牌权，比如大王、对2或者炸弹。大飞机牌型其实很强，其本身自带一手领出牌权，且有底牌补炸的可能性。

⑨其他牌型。全国大赛实战中也有连2都没有就叫3分且获胜的案例，但那毕竟是极少数，不具有代表性，本书中也会介绍此类案例。

要点小结

✓ 有火箭且无其他炸弹的情况下，叫地主获胜的概率是77.28%

✓ 大王22，获胜的概率是66.05%

- 小王22，获胜的概率是49.33%
- 222AA，获胜的概率是50.33%
- 2222，获胜的概率是58.31%
- 有炸弹且有22，获胜的概率是58.31%
- 在自己没有王的情况下，外面有王炸的概率是48.47%

备注：不同比赛概率可能会有差异。

4. 霸王叫与延迟满足

霸王叫在叫分中是很特别的存在，很多平台提供这样的玩法，什么是霸王叫呢？为了避免有些人在叫分环节胡乱叫地主，导致真正有好牌的人没机会叫地主，有些平台规定：抓牌过程中手牌牌力值达到一定值则可以提前叫地主——霸王叫，但使用霸王叫特权需要付出代价——自己的手牌要明牌（亮给其他二人看）。比如规定大王牌力值是3，小王是2，2是1，A是0.5，牌力值大于等于7.5可以霸王叫，那么当抓到大小王，22，AAA，则可触发霸王叫。

常见的霸王叫牌型：大小王222，大小王22AA，大王222AAA，大王小王22A，大王2222A和小王2222AAA等。可以看出一般叫霸王叫的都是有牌权牌，且绝大多数有大王。一般来说，地主一旦叫了霸王叫胜率是极高的，此时农民拼牌力肯定拼不过地主，只能靠配合。

从游戏体验的角度来说，有霸王叫的机会，出现"霸王叫"的按钮后，大多数人都会很兴奋地去点一下。本着提高胜率的原则，我建议有霸王叫按钮的时候，我们自己偷着乐，不要过于急迫地霸王叫，还是按照既定顺序轮着叫。

首先，拥有霸王叫牌力的时候，当农民应该是 90% 以上都会赢的。真要是有人叫了 3 分，那我们可以好好"收拾"他。

其次，别人不叫，或者叫 1 分、2 分的时候，我们可以不紧不慢或稍加考虑地叫个 3 分，以麻痹敌人思想，让他们以为我们是勉强地叫 3 分。

最重要的是，抢霸王叫的时候会把高牌力值的牌直接亮出来，那样会给农民很明确的信息，对地主是很不利的。一般大家碰到霸王叫的选手都会铆足了劲儿顶他，给他制造困难。当然，很多时候是"胳膊拧不过大腿"的，不过也有不少时候会让霸王叫选手翻车。

拥有霸王叫的权力是值得"庆祝"的，但此时还不应该"庆祝"。有一个词叫"延迟满足"，就是不贪图暂时的安逸，先苦后甜，重新设置快乐和痛苦的次序，能够做到这一点很不容易，是一个人成熟的重要标志。庆祝的分界线应该是赢下牌局、赢下比赛，拥有霸王叫的权利只是更接近赢，宜先低调，先"苦"后甜。生活中我们遇到此类问题时，也应想一想这个词。延迟满足是一种可以获得更大成功的生活态度。

第3章　记牌和算牌

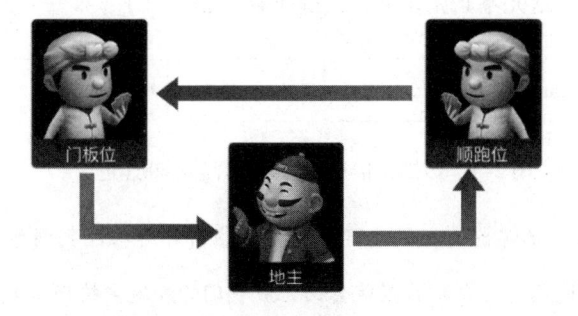

开篇时我们提到了斗地主是三方参与的、非完全信息的动态博弈。我们引出了斗地主技巧体系的 4 个核心问题：

➢ 我是什么角色？（叫分）
➢ 如何获得更多的牌的信息？（牌张、牌型、在谁手里）
➢ 我当前的最优策略和行牌方案是什么？
➢ 如何让队友知道自己的牌型？（信号牌，发信号和收信号）

在这一章，我们重点讨论第 2 个问题，如何获得更多的牌的信息。这就涉及两个词：记牌和算牌。这两个动作往往是连贯的。

记牌是收集数据的过程，算牌是加工数据形成有用信息的过程。记牌是算牌的基础，记牌考验的是记忆能力，算牌需要玩家具有较强的逻辑推理能力。其实不只是斗地主，在我们的日常生活中，谁掌握的信息多谁作出的决策越科学，在各自的领域里价值越大。从古至今，利用信息不对称一直是世界上最快的赚钱方式之一。怎样理解数据和信息呢？它们是分阶段的。我们来看 4 个英文单词，data（数据）、information（信息）、knowledge（知识）、wisdom（智慧），这几个词是不断沉淀递进的（图 3-1）。

```
data → information → knowledge → wisdom
```

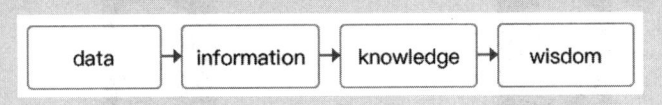

图 3-1　数据、信息、知识、智慧不断递进

在斗地主中，记牌就是在收集牌张数据，然后算牌推理判断谁大概有哪些牌、哪些牌型，这些信息日积月累就会固化成我们的斗地主技巧，我们再将这些知识沉淀、触类旁通，就形成了智慧。

斗地主属于暗牌游戏，暗牌类游戏大多需要记牌，别人出过什么牌，剩什么牌，其他人可能有什么牌。54 张扑克牌落到 3 家手里，有太多种可能性，这也是为什么斗地主被纳为智力体育竞技。记牌其实也有技巧，不用记住所有的牌，我们只需要根据自己的手牌选择性记牌，并重点记住对手和队友打的牌和关键张即可。根据记忆内容我们从易到难分了三个阶段。

1. 初级记忆点

1.1 记断张

断张就有可能存在炸弹，炸弹在斗地主游戏中是个很特别的存在，它可以管一切，只受制于比自己大的炸弹和王炸。我们要养成一个习惯，抓完牌之后首先要看看自己手牌的断张，如果手牌里有断张，那外面就有存在炸弹的可能性。记炸弹相对比较初级，是记牌、算牌的第一步，也是最关键的。有时我们会为了迷惑地主，故意不出陌生牌张，让他误以为外面有炸弹，从而有所忌惮。火箭是威力最大的炸弹，所以大小王的分布也必须弄明白。

1.2 记大牌

什么是大牌？就是可获得领出牌权的牌，即牌权牌，比如两个王、4个2、4个A，这几张牌是可以控制领出牌权的，要记清楚外面各有几张，最好还能结合算牌推断出牌张的分布。根据自己的大牌，对对手和同伴的大牌做推理，举3个例子：

①如果我们是地主，手中有大王和22并出了A，外面农民直接上小王了，说明外面大概率有对2。

②如果我们是地主且手中有大王和单2，出单下家直接上2了，那么说明你的上家大概率有22。

③如果我们是农民且手中有22，出A没人管，那么外面的2有三种分布可能性：地主两个2；农民两个2；农民队友和地主各1个2。如果没2压我们的A，那么很大概率是第一种情况。如果地主没有两个2，地主凭什么要3分呢？如果是第三种情况，地主一定会压你的，除非他牌力非常不好，在弱控牌。即使是第一种情况，也说明他的牌力不太够，要保住对2以后靠对2获得领出牌权。

记清楚两个王、4个2、4个A这10张牌的个数和分布，有助于自己在关键时刻控制牌权。

2. 进阶记忆点

2.1 记外面能管得上自己特殊牌型的牌

这个会比初级更难一点，需要结合一些计算。比如我们手里有7890JJQQQ，只要外面见到JJ或单Q，那么7890J就是最大的顺子了。再比如，如果外面已经出了7890JQ和890JQK两条顺子，我们手里有777，那么其实只有 KKK、AAA 和 222 才能管得上 777 了。如果我们结合自己的手牌和外面 K、A、2 的出牌信息，很有可能会判断出 777 已经是最大的牌型了，此时闯牌的话，777 要比 AA 更好用。

2.2 记构成顺子的特殊牌张

特殊牌张通常指 7 和 10。这两张牌有什么特殊性呢？因为这是组成 5 张牌顺子的必备牌张。如果 10 和 7 已经出光，可以断定外面肯定不会再有顺子了。有些人也喜欢记 8 和 9，每个人的偏好和方法不同，8 和 9 是 6 张牌顺子的必须组成部分。有时候 KKKAA 可能不是大牌，而 45678 是无人能管的牌。比如外面已经出了 4 张 10 和 3 张 7，那即使我们手里剩下 34567，也是最大的顺子。

2.3 记底牌数值和花色

还有一点是容易被大家忽略的，记地主三张底牌的数值和花色。若地主底牌拿起来的 3 张牌有方块 5，而地主出牌的时候出了红桃单 5，那大概率说明地主有带 5 的顺子。有时候记住地主底牌的牌值和花色，结合两三个回合的出牌信息和自己的手牌，是可以推理出地主一部分手牌的。所以当地主的时候，要尽可能将底牌先打出去，避免给农民更多的信息。

3. 高阶记忆点

3.1 记同伴获得领出权时出的牌型

这条就涉及一定的配合因素了。同伴获得领出牌权的时候,特别是同伴为顺跑位或者明确要主跑的时候,这时的牌型是个信号。当我们再次获得领出牌权的时候,要尽可能地给同伴送回去(如果此时牌局无重大变化的话)。

3.2 记对子

对子是斗地主中最常见的非单牌型,中残局阶段,对子是特别重要的。这条需要的记忆量会有些大,每个人有不同的记忆方法,适合熟练的选手。很多高手擅长在牌力弱的情况下采取"后控打法",这种打法往往需要很强的记对子的能力。

3.3 记本局中出现的特殊牌型

特殊牌型如连对或大飞机,往往印象会比较深刻,在关键时候回忆下，会对抉择有好处。

这么多要记的牌啊，说得我都不想玩斗地主了。人的脑力和记忆力是有限的，不可能全都记住，所以我们可以挑重点记，循序渐进地锻炼。每个人记忆的排序和习惯不同，比如我们可以先记地主的三张底牌（花色和牌值），也可以先锻炼记牌权牌。只要有意识地关注，那么时间长了自然会熟能生巧，越记越多，越记越熟练。

4. 算牌有哪些技巧

在探讨记忆点的时候，其实已经融入了算牌的内容，记牌和算牌本就是连贯的。算牌即根据其他人出的牌张，推理他所剩下的牌张和牌型，主要有三个技巧：

①补集算牌，根据一家出的牌和自己的手牌，用求补集的方法推理另一家的牌。因为我们三个人的牌单张牌加起来一共4张。

②越级算牌，根据一家压牌时候出的牌型信息，推算其可能的牌张和牌型。一旦越级管牌了（即跳级管牌），那么说明其要么没有恰好管上的牌，要么那张牌在某个组合里。

③假设算牌，根据现有信息假设，再根据后面的信息否定之前的假设，最终得出确定信息。

除了这三个技巧，结合位置和角色信息也很重要。位置和角色这两个因素使玩家带有一定的目的性，对于牌张本身来说是另一个维度的信息。

从信息论的角度来说，不同维度的信息能够增加数据的完备性，有助于消除不确定性，提高算牌的精准度，让我们得到更接近事实的结论。

很多时候是将这三种方法组合起来使用的，我们来做一组练习题感受一下。

练习题一：

上家出4443，我们自己手中有单4且没有3，那么基本确定下家有什么牌型？

参考答案：333。

练习题二：

我们手中无3，一家出了单3，那么外面3的分布是怎样的呢？

参考答案：有两种情况。

①另一家有333；

②或者另一家有对3，出单3之人有带有3的顺子。

若4个4都已经都出完，那必有333牌型。

练习题三：

农民同伴顶单K，我们自己手中有单K，那么其他的K是如何分布的呢？

参考答案：有两种情况。

①地主可能有KK；

②同伴有带K的顺子，或者同伴没有牌可顶了，在拆对K。

可根据两三个回合的出牌来排除掉一些可能性。

练习题四：

地主出牌QQ，农民同伴直接压AA（越级管牌），我们自己手中无K，

第 3 章 记牌和算牌

那么外面 K 是怎样分布的呢？

参考答案：有三种可能：外面有炸 K，外面有 KKK，同伴有 KK 但在顺子中。可根据前后回合信息判断队友和对手的牌，为队友送牌。

补充：还有一种可能，同伴有 KK，但是想抢得牌权，怕地主的 AA 管上，所以越级抢牌权。

练习题五：

一方出 77，另一方出过单 7，我们手中无 7，那么外面可能有什么牌？

参考答案：外面大概率有含 7 的顺子。一方不会拆开 777 来出对 7，另一方也不会拆开对 7 过单 7，所以还有的那张 7 一定在某个略高级的牌型组合中。此时如果遇到大王或对 2 抢牌权，手牌只剩下 5 张，且外面再无其他炸弹，可果断炸之。

思考题 1：

我们出 2，对手直接上了大王，这说明了什么？

参考答案：对手要么没有小王，要么是拆的双王。有经验的牌手上了大王说明其对牌局有较强的控制能力。拆双王则说明牌力不足，在努力控制牌局。一般来说，小王没见而直接见大王的牌局，里面一定会有一些"事情"，需要谨慎处理。

思考题 2：

越级压牌也要看越级的跨度。如果是 JJ 压 99，那我们可结合手牌判断牌张 10 的分布。如果地主用 KK 压 33，这说明了什么呢？

参考答案：这种跨度很大的越级，基本可以判断地主没有小对子，我们可继续攻击其软肋。

思考题 3：

我们在地主上家，手里有 KKA，队友出了单 K，我们不要，地主用 2 管上。我们可以获得哪些信息？

参考答案：这道题里已经涉及了位置、补集算牌和越级算牌。

①地主有单 K 想垫出去，因为两个农民已经占了 3 个 K；

②地主越级用 2 压牌，可能有 AA 或 AAA 成型；如果地主是 AA，那么同伴可能还有一个 A。

③地主的单 K 可能在顺子中（如果根据以前的 90J 出牌信息和手牌信息一般有较大概率排除掉这种可能性）。

多说两句，当我们判断出第①条和第②条的时候，此时我们的 KK 宜拆开出，为什么呢？同伴有单 A 想要出去，地主有单 K 想要出去，我们拆 K 可以很好地顶住地主。另外地主有 AA，我们的 KK 是"白送的货"，相当于在给地主送牌。地主的单 K 垫不出去的话，他至少要消耗 2 获得牌权，这会给地主逃跑制造一定难度，同时农民方获胜概率会增加。也许地主就差这一张单 K 出不去而输掉整个牌局。

记牌和算牌从地主亮出三张底牌就已经开始了，贯穿整个牌局。开局的第一个回合往往会透露出很多信息，我们经常会遇到下面这种情况。

思考题 4：

地主开局出了一张单 3，地主下家连地主的单 3 都不要。这时可能有什么情况呢？我们该用什么策略呢？我们在后面地主和农民角色策略的时候会重点讨论这一部分。

参考答案：

①同伴牌很整齐且没有单牌。此时宜用牌权牌封死地主，直接抢领出权，并试探对子、三带或者顺子。一般情况下会先试探对子。一旦队友上牌了，我们就尽量不要再抢牌权，更不要越级管牌。

②同伴牌力非常弱，不可能走，让我们过小牌。一般这种牌他会在关键时刻援助一两手牌来压地主，其他牌他大概率也不会要。此时如果我们也随小牌而不扛地主，就证明我们自己有非常大的机会先跑，其实这也是反过来给队友的信号。一旦这样行牌，那么有经验的地主一定会格外盯防我们。如果我们的牌也一般，此时作为地主上家，一定不要随小牌给地主垫牌。如果碰上自己跑不了还给地主机会垫牌的同伴（俗称"猪队友"），那么也只好自认倒霉了。后续章节我们会详细探讨如何当地主上家。

③同伴有单牌，但单牌很大，这种情况下他大概率也是走不了的，故意放小牌给我们，让咱们找机会跑。此时我们的处理同②。

延伸到我们的工作和生活中也是一样，尽可能从细节中捕捉到更多有价值的信息，可消除不确定性，帮助我们作出更优的选择。

5. 锻炼记牌的小方法

看了上面的技巧，有朋友可能会说，要记这么多东西，斗地主真是太难了。记牌和算牌能力本不是一蹴而就的，需要不断练习。有个故事可以说明这个道理，一个卖油的老人家，可以通过葫芦口的铜钱眼将油倒入葫芦中，倒满后铜钱丝毫不沾油，老人家说道："无他，唯手熟尔。"

每个人记牌和算牌可能会有自己的方法或偏好。这里提供记牌和算牌的小方法，大家可以练习一下。

方法一：将牌随机拿出17张当做手牌，默记这些牌。然后将牌扣下，拿纸笔默写，再将默写结果与扣下的牌比对。你会发现自己越记越多，所需要的时间越来越少。

方法二：当上面的方法已经比较熟练了，我们可以将牌分成三份儿，分别为17张、17张和20张（地主牌），看两家的牌默记，然后默写第三家的牌。

上面的方法开始可能会比较难，我们可以将345678去掉以降低难度，等熟练了之后再逐渐加牌。特别是少年儿童，用此方法锻炼记忆力有绝佳效果，这是笔者亲测有效的方法，强力推荐使用。

要点小结

✓ 初级记忆点：断张、大牌。

✓ 进阶记忆点：外面能管得上自己的牌、7 和 10、底牌数值和花色。

✓ 高阶记忆点：同伴的领出牌、对子、特殊牌型。

✓ 算牌技巧：补集算牌、越级算牌、假设算牌。

第4章　农民技巧

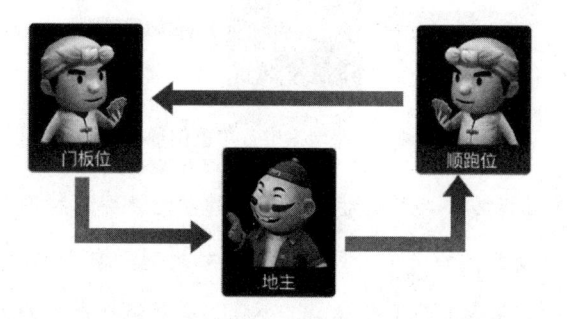

先写农民还是先写地主，这个问题我思考良久。虽然这是一本讲斗地主技巧的书，但我还是决定要先讲怎么当好农民。咱们先捋清楚"道"，再来细拆"术"，正所谓要想打人，先学挨打。先了解清楚当农民的心理活动和技巧，当地主的时候才能够知己知彼。正所谓不会当农民的玩家不是好地主。从名字中也可以看出，斗地主的主角是农民啊。

斗地主分为3个位置，地主、地主上家农民和地主下家农民，如图4-1所示。地主上家通常是防守方（也称为门板位），地主下家通常是进攻方（也被称为顺跑位）。位置会决定玩家当局的责任和行牌策略。对于农民来说，需要给地主制造麻烦：你出单我就出双，你出双我就出单。

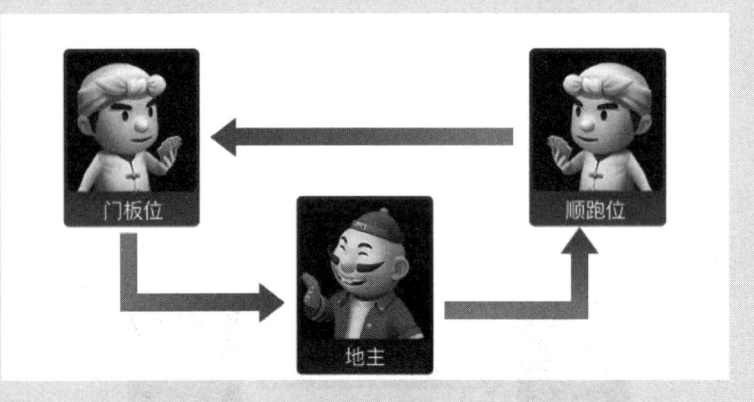

图 4-1　斗地主中各角色位置

基于斗地主是三方参与的、非完全信息的动态博弈，特别是三方参与和动态博弈的多阶段性，给出了农民配合的基础规则。农民们的核心是分工，通常是地主上家不让地主垫（或者顺）小牌，尽量消耗地主的大牌，让地主把小牌憋在手里。地主下家尽可能不顶牌，打配合掩护自己的队友先走，即"上家不放牌，下家不顶牌"。地主位置确定了，农民的位置也就确定了，此轮牌的角色也确定了，一般来说，地主上下家能跑的概率三七开，下家70%的任务是先跑。有时候会根据行牌重新确定主跑方，后面我们会讲到。

下面我们先分别按门板位和顺跑位来聊下常用的农民攻防技巧，然后进一步探讨农民的进阶技巧。

1. 地主上家（门板位）常用技巧

会不会当门板是一个人斗地主水平的分水岭。首届全国斗地主大赛的亚军，现在是JJ斗地主冠军杯比赛的官方解说员——秀岩，牌友们给他最高的荣誉称呼就是"亚洲第一门板"。

坐在门板位置一定要记住这句话：

不要只看自己手里的牌！

不要只看自己手里的牌！

不要只看自己手里的牌！

重要的事情说三遍，举个夸张点的例子，这个位置的作用就像足球场上的守门员。自己球队的守门员总想着要去对方球门射门的话，那这场比赛就打不好了。在门板位通常有3个非常重要的技巧：顶牌、让牌和送牌。

1.1 顶牌

所谓顶牌，就是在同伴出小牌的时候，为了不让地主顺牌或轻易获得领出牌权，强行拉升出牌值，给地主制造麻烦。以下几点顶牌的建议供读者参考：

①地主领出单牌尽量用 J 及 J 以上顶。

②同伴领出用 Q 以上顶。

③对子尽量别让地主过对 9 以下的牌（绝大多数情况下，这是输赢关键，非常重要）。

作为地主上家顶地主时，不惜拆 QQ 或 KK 也要顶。一般来说，只要地主有小单需要垫，有两三手这样的顶牌，会给地主带来不小的麻烦，如果地主没有特别强的抢牌权能力，只能祈祷抢跑农民的牌也不是很整了。

也有两种特殊情况，可适当调整顶牌策略：

①如果地主的开牌是顺子、飞机或者三带等多牌张组合牌型，则可断定地主对单牌的出牌意愿不强烈，可不用为了顶牌而顶牌。

②门板位的牌力和牌型如果都还不错，适合做主跑方，不用一味拆牌顶地主。（画外音：当门板位没有顶牌的时候，这本身就是一种想要主跑的信号。）

实际比赛中的顶牌值可根据牌局情况调整，特殊情况如霸王叫，或者直接抢叫 3 分的地主，可以适当提高尺度。我们在开局阶段尽量按照这个原则做，拼到中残局阶段，大家的牌力都会下降很多，此时就需要审时度势了。

思考题 1：

顶牌会涉及单牌的定牌顺序。如果手中有这几张单牌——2AKJ8，你会怎样选择顶牌顺序呢？

参考答案：第一手顶牌往往很重要，通常情况下我会优选 K，为什么呢？

我们来分析一下，K 是很关键的牌张，它可以试探 A 和 2 的分布。

①我们顶K，如果地主直接上2，那么地主多半有对A。

②地主如果上A，同伴上2，那么也基本知晓外面2的分布情况。我们自己手中有单2，要么地主手牌中有对2，要么是同伴拆了对2在压地主。

如果地主是直接叫的3分，看起来比较凶，我们可以考虑用A来顶第一手，或用2封住单牌改换牌道（即抢夺领出牌权，换成出其他牌型），出对子或三带看队友是否接牌。

刚刚分析了第一手顶牌，那么思考下，第二手顶牌宜用什么呢？

我会选择A，一方面持续对地主试压给他制造些麻烦，在前中期消耗地主的大牌，破坏地主在中后期对牌局的掌控力。另一方面也用来迷惑地主。如果越顶越小，地主就知道你的牌力不行了。

接下来可以依次用J和2（用来抢领出牌权的），8留到最后再出。KAJ2这几手应该会给地主顶得很难受了。用2的时候基本已确定地主的弱点和队友想要的牌型了，一旦门板位出2，就是要力争获取领出牌权了，接下来出的牌就很重要了，往往是牌局的关键转折点，有可能决定牌局走势。

所以我给出的建议顶牌顺序是KAJ28。这个顺序不绝对，需要根据牌局走势灵活变化。核心思想是优先挑至少中等牌力值以上的顶，小牌不要先出。

思考题2：

如果我们作为门板位，手牌是AAKKQQ0864，同伴出了一张3，我们应该怎样出牌呢？

参考答案：我的建议是默认用0，极端情况下可能要拆牌力值比较大的对子来顶。

我们用一个案例来说明：

案例2. 反客为主，用2管自己同伴，门板位顶牌的典范

下面我们看一局完整的比赛实战案例（图4-2～图4-9），来自JJ斗地主战队联赛，对战双方是陕西创世辉腾和山西智乐天下，此局牌领出牌权多次交替，是非常精彩的一场对局。我们重点看门板位的行牌，感受下顶牌的重要性。地主在左上角位置，门板位在右上角。我们可以看到开局时候地主的牌力值很高，但有一些小单牌需要调整。

图4-2 案例2（反客为主）第1轮

第1轮，地主出单5，顺跑位出单J，门板位出K，地主再出A，顺跑位出2抢夺领出牌权。

此轮行牌分析：地主开牌出的单5，说明有较多单牌需要调整。顺跑位先垫J，后拿2抢牌权，是较明显的抢跑信号。作为门板位收获两个信号：同伴要跑、地主想要调整单牌。

第 4 章　农民技巧

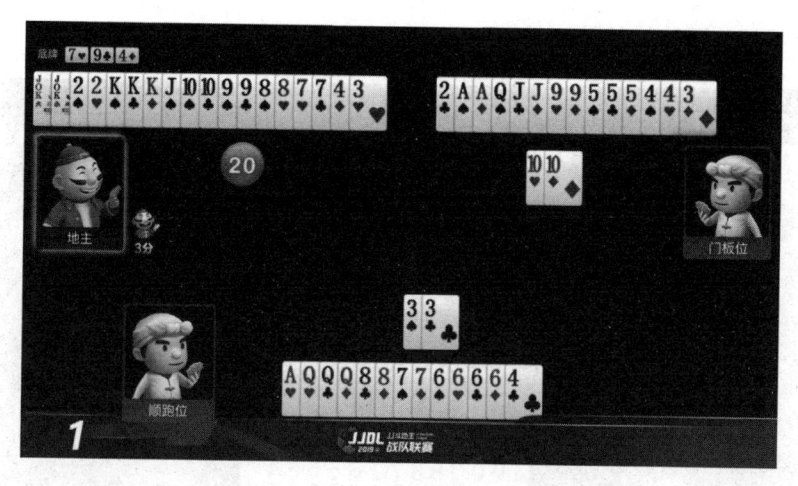

图 4-3　案例 2（反客为主）第 2 轮

第 2 轮，顺跑位抢到牌权后出 33（基于上面的分析，地主出单我出对子），门板位顶 00，没有用 99 和 44。为什么没有用 JJ 顶呢？因为刚刚同伴已经出了单 J 了，所以顶牌来说 00 和 JJ 是一样的，那不如用对 0 来顶，保留对 J。此时地主不要，顺跑位也没有牌力要。

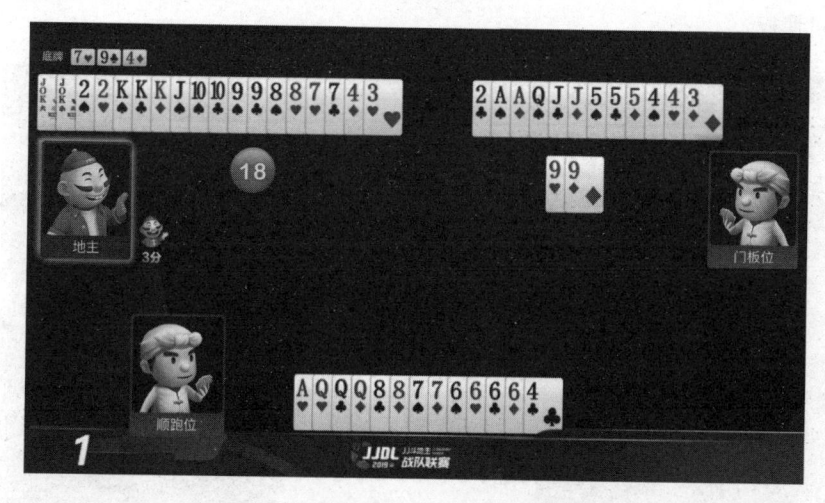

图 4-4　案例 2（反客为主）第 3 轮

第 3 轮，门板位只好降级打对 9，这是后面要讲的送牌技巧。地主依然要不起。同伴依然接不动。

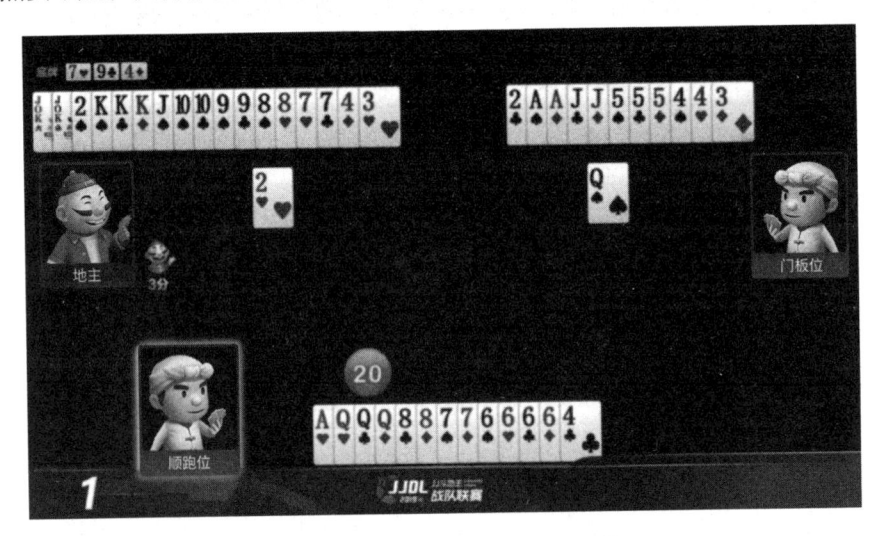

图 4-5　案例 2（反客为主）第 4 轮

第 4 轮，门板位继续领出，此时再降级打对子就只能对 4 了，明显不符合门板打配合的原则，第 4 轮门板位只好出单 Q 来试探，地主被迫拆 2 夺回牌权。

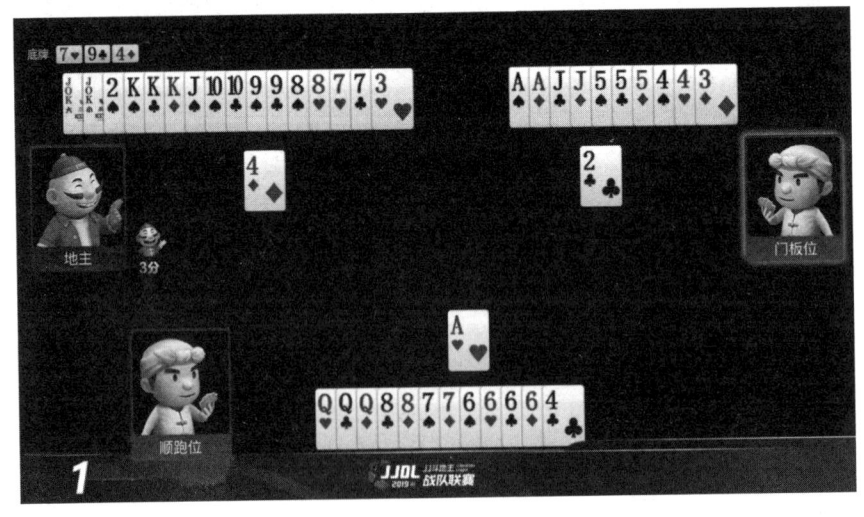

图 4-6　案例 2（反客为主）第 5 轮

第 4 章　农民技巧

第 5 轮是关键，地主抢回牌权后出了一张单 4，顺跑位出了一张单 A，此时门板位的神之一手来了，用单 2 压住了同伴的单 A。

此时门板位视角分析：同伴（顺跑位）第一轮用单 2 抢牌权，自己手牌里有一张单 2，那么地主刚刚应该是被迫拆对 2 抢牌权并打了张单 4，地主的另一张 2 应该是等待着再次拿到领出牌权。所以我作为门板位必须果断用 2 封住，顶住地主手里的 2。

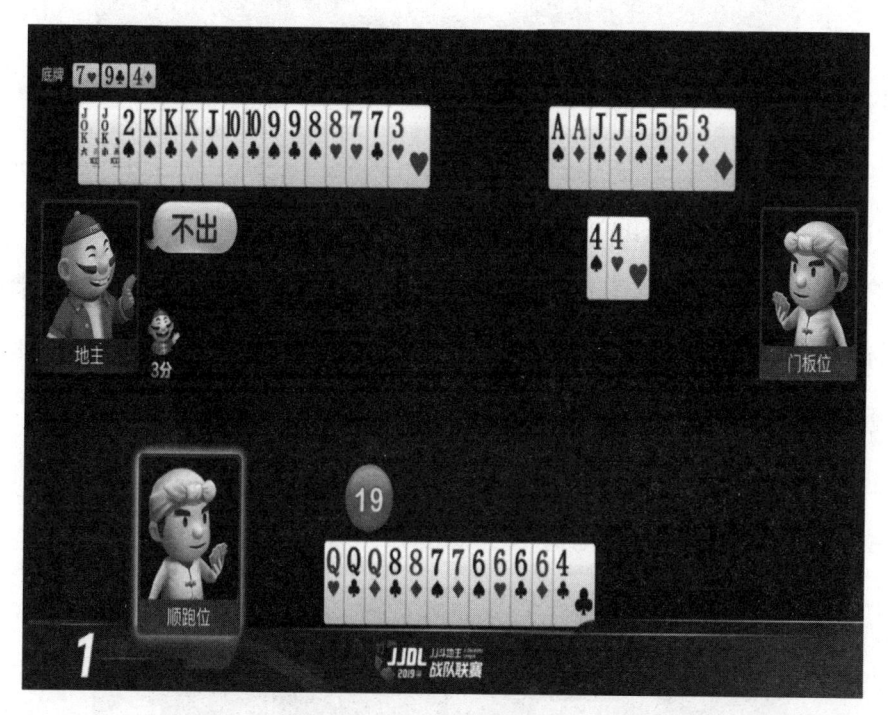

图 4-7　案例 2（反客为主）第 6 轮

第 6 轮，门板位出 44，地主选择让牌不出，顺跑位上 77 接牌，门板选择让牌，地主被迫用 00 压住。顺跑位牌力不足，门板位出 JJ，地主不要。

一轮对子打下来，农民已经可以判断出地主的"弱点"是对子了。

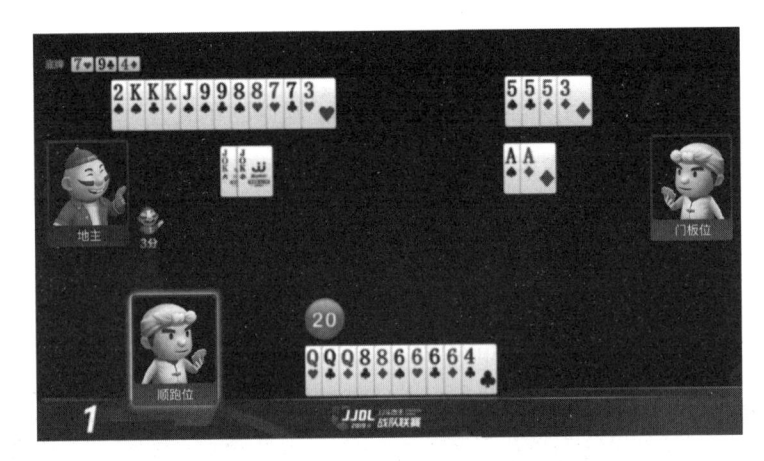

图 4-8 案例 2（反客为主）第 7 轮

来到第 7 轮，此时门板位手里还有 6 张牌：AA5553。为了给地主造成压力，门板位直接甩出 AA，摆出闯牌摆尾架势，地主被迫王炸。

此处可能有读者会问，在地主视角里外面有断 6，门板位还剩 4 张牌了，难道就不怕只剩炸弹了么？参加比赛的选手都是高手，在第 1 轮的时候顺跑位用单 2 抢牌权出了 33。自己手里还有张 3，地主基本可以判断门板位手里有张单 3 的，即门板位手里的 4 张牌大概率是 3 带 1（有可能是 666 带 3），所以启动了王炸。

图 4-9 案例 2（反客为主）第 9 轮

第 8 轮，地主出 778899 连对，两家农民均选择不要。

第 9 轮，地主为了防炸，打出 KKK 带 3，留下单 2 和单 J。顺跑位看时机到了，果断启动炸弹。然后第 10 轮打出 QQQ 带 88，最后一张 4 先出完，地主告负。

回顾以上这 10 轮牌，门板位在第 5 轮用自己的 2 压住同伴的 A，打乱了地主用 2 抢夺领出牌权的计划，是最为关键的一手牌。还有第 2 轮和后面几轮的顶对子，再后来用 AA 把地主的王炸拉下来，都非常出色地完成了门板位的职责，为顺跑位后面跟地主拼牌力打下了基础。

最后再强调一点，顶牌的思想应时刻记在脑海里，切记挑自己手牌里牌力值从小往大出。

1.2 让牌

让牌是指轮到门板位出牌的时候，本来牌力是可以管上的，但我们依然选择不要。当同伴的牌对地主造成一定威胁的时候，比如同伴打了三带或顺子剩单张的时候，此时不宜顶牌或垫牌。这时候让牌有两个好处：

> 将这种破坏力"传递"给地主，给地主制造麻烦。
> 如果地主确实不要的话，保证了同伴的领出牌权不变更。

比如同伴出了 JJ，我们推测出来地主大概率有 KKK 的时候，即使我们有 QQ 也不要垫，让地主去拆牌管，同时也保留自己的力量。

比如刚刚那局完整的牌局中，第 6 轮，顺跑位出 77，门板位是可以垫 JJ 的，但其没有这样做，而是在知道地主不喜欢对子的情况下，让地主去先用 QQ 管，自己的 JJ 再去打地主的 QQ，这样可以消耗地主的牌力。

1.3 送牌

送牌是斗地主中的高级技巧，是桥联战术的启动环节。所谓"桥联战术"，是通过农民间的送牌、管牌、接牌等技巧组合，通过信号传递，跨过地主，在农民之间建立起连接的战术技巧。

送牌主要有两种方式：试探型和返回型。

（1）试探地主和同伴的反应，看同伴是否接牌。用对子试探的时候不要用小对，宜用中间的对子，再逐渐下探。比如手牌有JJ99886655，我们可以用对8或对9试探。如果同伴接了我们送的牌，比如用对0管上了，而我们的目的是送牌，即不抢主跑方的话，就不要再接回来了。

（2）当同伴已经发出信号，想要某种牌型了，我们应该为同伴精准送牌。比如同伴出了99，地主直接上22了。这说明什么？我们该怎么办？这说明地主已经没有对子，地主再出其他牌型时，我们可直接顶牌抢过牌权，然后继续出对子。当自己不能逃跑的时候，拆"三带"打"对子"也是值得的。

案例3. 练习赛中的精彩三带送牌

好的送牌总是能让人拍案叫绝，下面欣赏一个精准送三带的真实案例，并把之前所学串连起来，重点以门板位视角分析牌局信息。牌局是发生在JJ平台5000PK锦标赛中的一局，变化如图4-10～图4-13所示。

第1轮行牌：地主强势叫3分，地主以单6开牌，同伴上Q，门板位选择让牌不要，地主上单K，同伴直接上小王获得领出牌权。

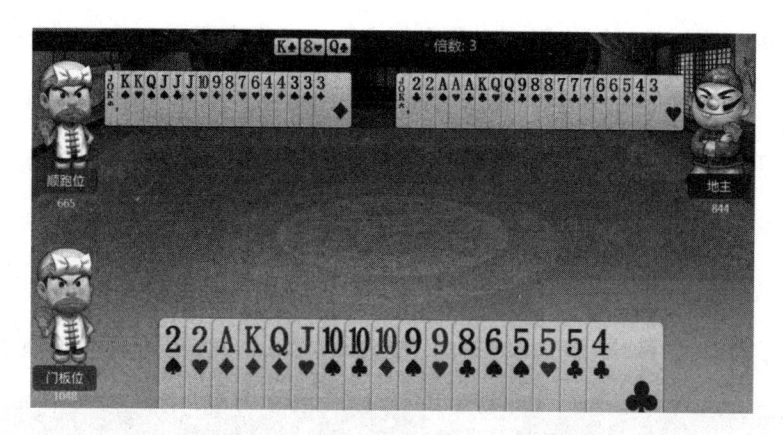

图 4-10　案例 3（三带送牌）开局牌型

第 1 轮过后结合之前讲过的记牌和算牌，门板位得到信息有：

①农民同伴的小王是一次明确的信号传递，队友要当主跑方。

②地主大概率有大王，因为地主强势叫 3 分，同伴不太可能有双王。

③我们有 22 在手，那两个 2 可能在地主手里，也有可能同伴有 22 不想拆，不过概率非常小，因为地主强势叫的 3 分，不太可能没有 2，小王和 4 个 2 都在外面的话，地主怎么叫得起 3 分呢？

④我们有单 A 在手，地主上的单 K，同伴直接越级用的小王，那么同伴要么没单 A，要么对 A 或多 A；如果同伴没有 A，那么地主则有 AAA。

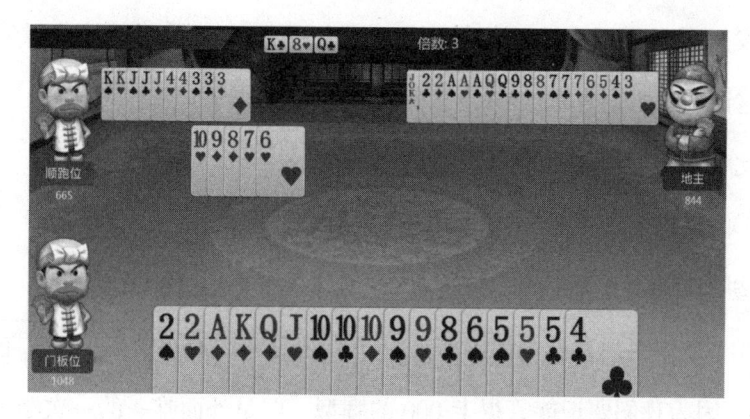

图 4-11　案例 3（三带送牌）第 2 轮

第 2 轮，此时同伴用小王获得领出牌权后，出了 67890，门板位选择让牌，因为我们手中有 3 个 0，结合记牌中讲的特殊牌张 7 和 0 在顺子中的作用，67890 地主不可能用顺子管上的，地主选择不要，同伴继续获得领出牌权。

此时我们可以得知：地主没有超过 0 的顺子，地主的 K 同伴是用小王顶的，所以地主不是拆对 K；地主已经出了单 K，所以同伴手里必有 KK。

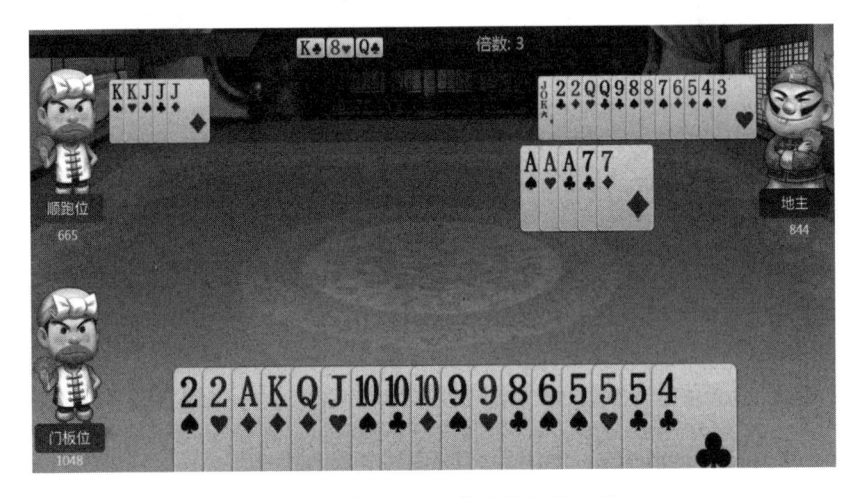

图 4-12 案例 3（三带送牌）第 3 轮

第 3 轮，同伴继续出牌 33344，门板位继续选择让牌（因为之前同伴已经发送了想要当主跑的信号了），地主用 AAA77 管上，并获得领出牌权。这说明地主果真有 AAA，符合前面的猜测。

此时我们可以得到的信息：

①同伴出了 3 带对子，说明同伴想要对子。

②同伴还剩 5 张手牌，且有 KK，另外 3 张是啥目前还不清楚。

③J 是外面一直没见的牌张，还不知道分布，有可能是一对，有可能是 JJJ。因为我们要记能管得上 000 的牌型。但是外面唯一的一次顺子是同

伴出的 67890，没有带 J，说明同伴肯定没有单 J。

④同伴第一手牌用 Q 管的地主 6，如果同伴有 JJ 的话，同伴作为想主跑的人，应该用 J 管 6，留着 67890JQ 的长顺，所以，同伴应该不是 JJ。

⑤综合上面两条，JJJ 应该在一起，但是地主用 AAA 管的同伴 333，说明 JJJ 在同伴手里。同伴手里应该剩 JJJKK，用 33344 出牌，用这个来回牌逃跑。

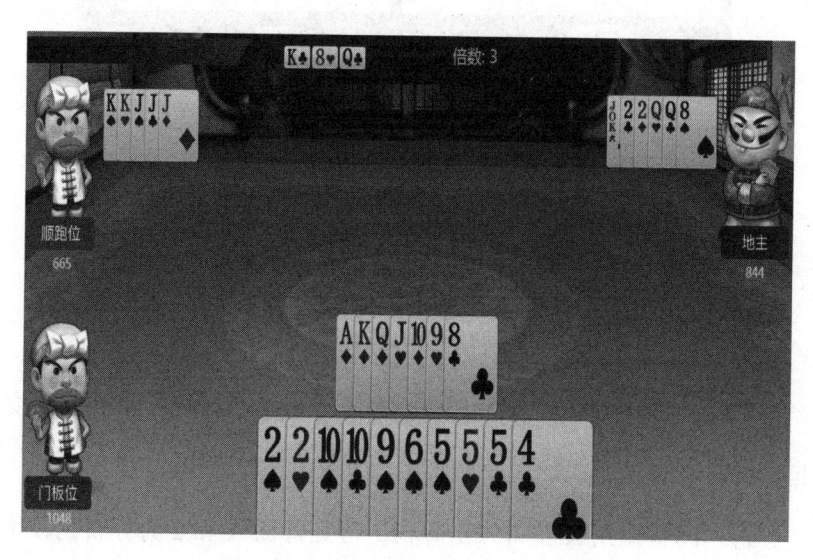

图 4-13　案例 3（三带送牌）第 4 轮

第 4 轮，地主出 3456789 顺子，门板位用 890JQKA 拦住。

牌局分析：此时是我们此局牌唯一的一次获得领出牌权，地主剩 6 张牌，同伴剩 5 张牌。地主有大王 22 基本已经明朗，门板位是没有任何机会逃跑的，如果前面的 10 条信息我们都收集并推理出来了，我们其实可以推算出同伴手里剩 JJJKK，只要想办法给同伴送牌即可。

第 5 轮，此时门板位打出了 5556，因为怕三带对子同伴万一接不住就玩砸了，即使三带一队友也能接住，进而赢得牌局。

案例4. 门板位隔空送出精准5顺，地主用上帝视角抓住唯一机会

能够隔空送出顺子总是能让人拍案叫绝。下面我们再来看一局战队联赛中的完整案例（图4-14～图4-23）。门板位为同伴送出精准5顺。同时这个案例后面部分地主的选择也非常精彩。地主位于左上角。

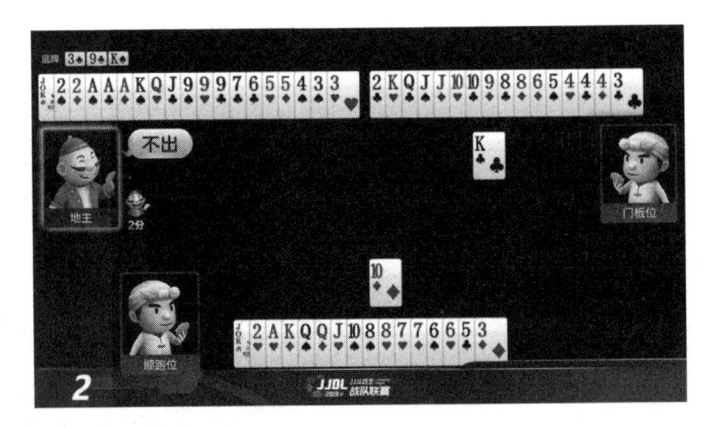

图4-14　案例4（隔空送出精准5顺）第1轮

第1轮，地主开单7保留5顺，顺跑位垫单10也是保留五顺变化，门板位拆双K顶地主。地主选择不要，门板位获得领出牌权。

分析：门板位用K获得领出牌权，可见外面A和2的分布比较集中，地主牌力大概率不是特别凶猛。

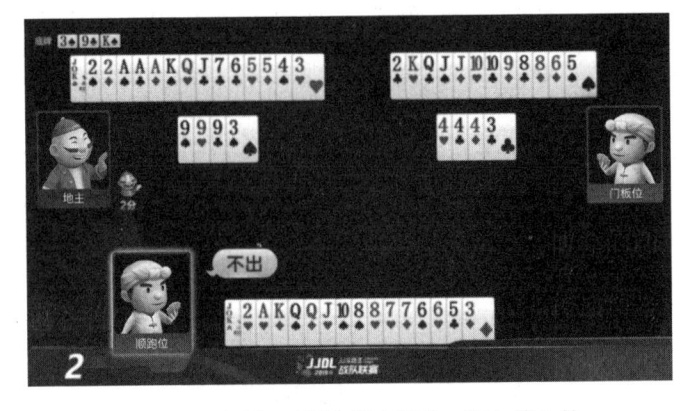

图4-15　案例4（隔空送出精准5顺）第2轮

第 2 轮行牌，门板位出 444 带 3 试探性送牌，被地主 999 带 3 夺回领出牌权。这轮试探性送牌没有送对，不过也是正常现象。

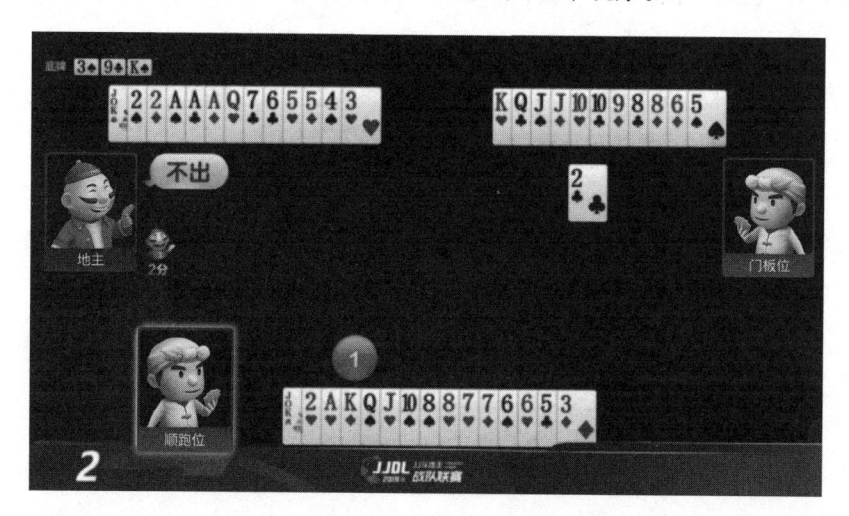

图 4-16　案例 4（隔空送出精准 5 顺）第 3 轮

第 3 轮行牌，地主调整单牌出单 J，顺跑位单 Q 压住，门板位选择让牌，地主上手单 K，门板位用 2 封住，地主不要，门板位再次获得领出牌权。

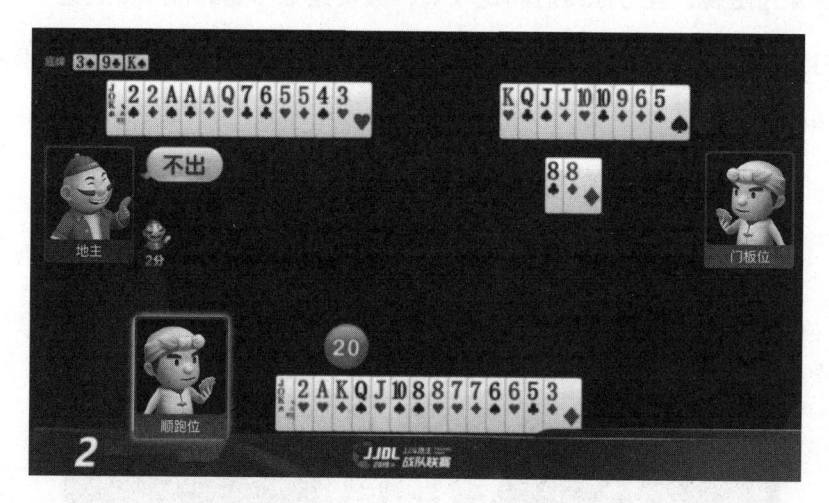

图 4-17　案例 4（隔空送出精准 5 顺）第 4 轮

第 4 轮，此时地主只要再调整一张单 Q，就可以直接上小王准备逃跑了。门板位再一次试探性送牌，送了88，结果地主没要，同伴也没有接，继续保持领出牌权。

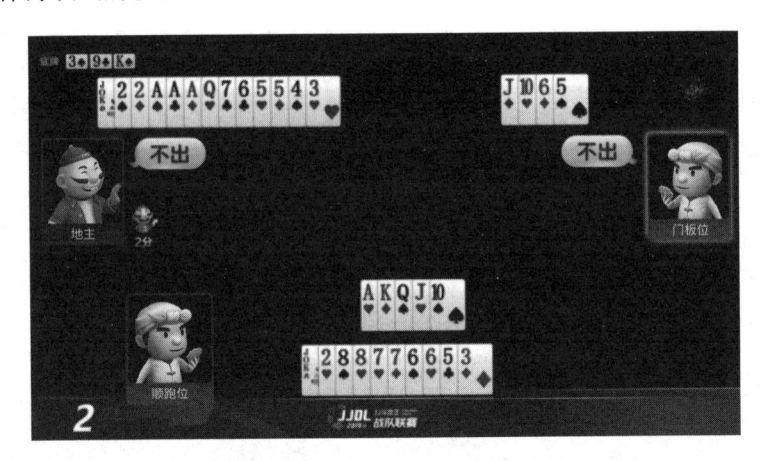

图4-18 案例4（隔空送出精准5顺）第5轮

第5轮送牌，可谓点睛之笔，其实也是门板位第三次试探性送牌的无奈之举，在拆了OOJJ的情况下，送出9OJQK五顺，门板位获取牌权后3次试探性送牌，且考虑得时间比较久，其实是个明显的信号"我跑不了，在给你送牌"。很明显，顺跑位的同伴接收到了这个信号。用OJQKA顶天五顺接了过来。

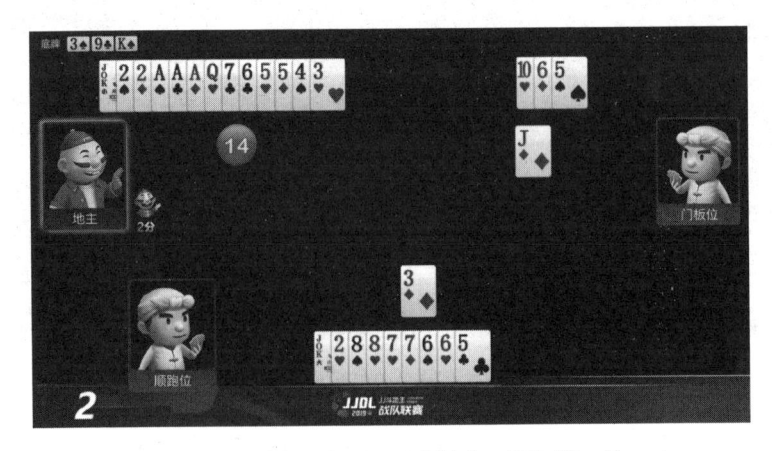

图4-19 案例4（隔空送出精准5顺）第6轮

第 6 轮，顺跑位出单 3 调整，此时已经有明显的逃跑规划了。准备回 2 再用大王强行取得领出牌权，然后再闯 667788 双顺，用单 5 摆尾。门板位在手牌只剩 560J 的情况下，用单 J 顶牌。此时压力来到地主这边。

我们以地主视角来分析：地主下家的顺跑位逃跑意图很明显，因为他用顶天顺 0JQKA 接了同伴的五顺，就是在表明自己想要主跑的态度。地主自己手牌里有 22AAA，顶天顺里有个 A，门板位用 2 取得过领出牌权，那么外面还有一个 2。结合顺跑位的接牌和出了一张单 3，说明那张 2 大概率在顺跑位手里，不能让他顺利回 2。

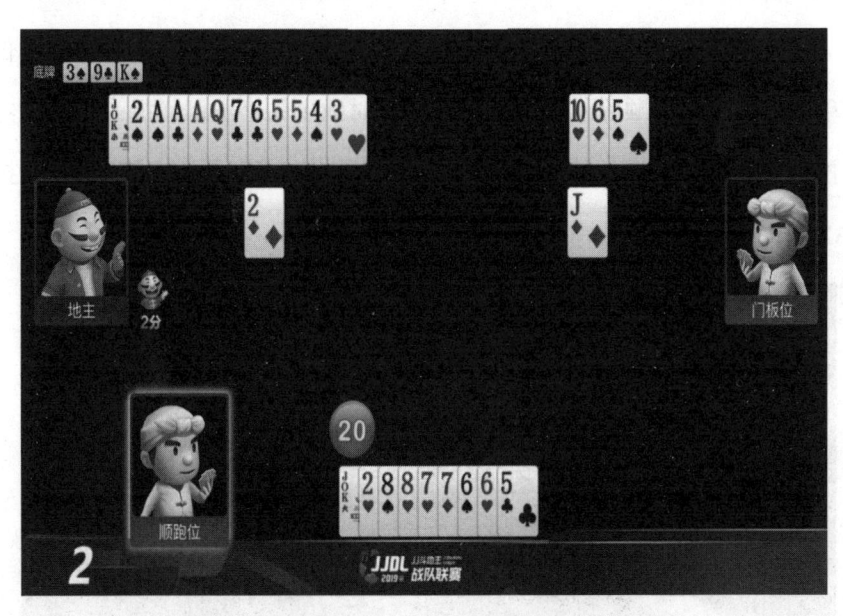

图 4-20　案例 4（隔空送出精准 5 顺）第 6 轮续

所以此时地主也打出了惊天妙手：拆 2 管住农民的 J！顺跑位的大王未敢启动。地主的 2 获得了领出牌权。

第 7 轮，地主 34567 已经是大牌了，继续保持领出牌权。

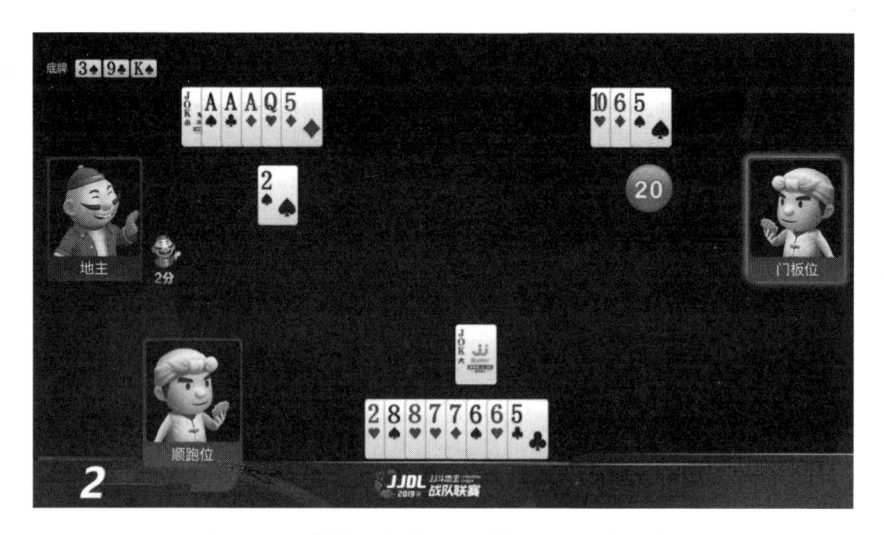

图 4-21　案例 4（隔空送出精准 5 顺）第 8 轮

第 8 轮，地主又做了一个非常精彩的选择，继续打单 2，不让顺跑位的单 2 上手，逼迫顺跑位用大王压住。此时地主的小王已经拥有单牌的绝对控制力，且必会抓住外面跑的单 2。AAA 也拥有绝对控制力，即使是拆 AAA 打对子也够打了。

图 4-22　案例 4（隔空送出精准 5 顺）第 9 轮

第 4 章　农民技巧

第 9 轮，顺跑位也可以分析出地主有小王和 AAA 了。可以思考下顺跑位如何能知道地主有 AAA 的。此时顺跑位知道出单必输了，即使自己出 667788 连对，自己的单 2 和单 5 也要被地主的小王拿捏住，所以无奈之下用 66 给同伴送牌。

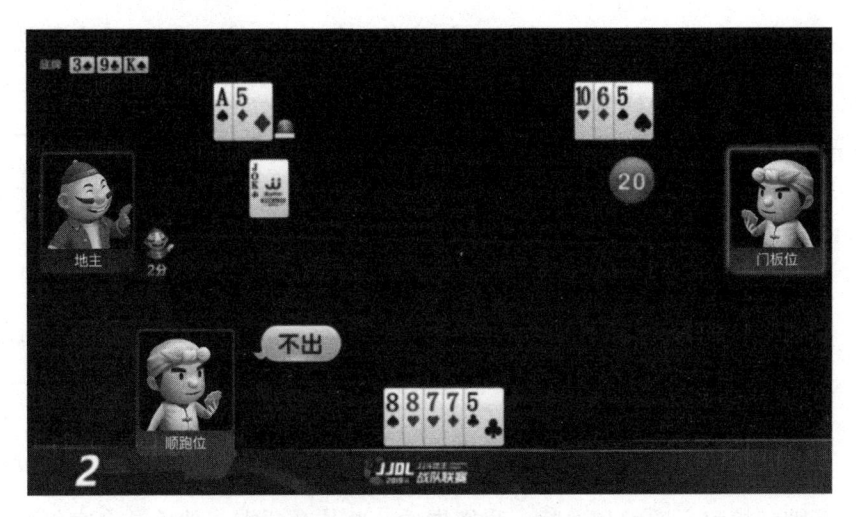

图 4-23　案例 4（隔空送出精准 5 顺）第 10 轮

此时门板位已经没有牌要了，地主拆 3 个 A 管对子，顺利获胜。

我们以全局视角来回顾一下，此局牌门板位的顶牌和送牌技巧应用得非常好。门板位的开局手牌如图 4-24 所示，他一共顶了三手单牌，分别是 K、2、J，是不是已经尽了最大努力了？

图 4-24　案例 4 门板位开局手牌

门板位一共试探性地送了三手牌，4443、88、90JQK，在自己获得领出牌权的时候没有出过一张单牌，已经奉献了所有。

有朋友可能会问，那怎么没赢呢？门板位已经把这手"烂"牌打得近乎完美了，在基本没可能赢的情况下，创造出了获胜的可能性。只是地主的控牌技术也非常好，在关键抉择上判断准确，没有给农民任何可乘之机。

总结：地主上家（门板位）为了顶牌和送牌，甚至可以采取牺牲打法，牺牲"小我"成就"大我"。

2. 地主下家（顺跑位）常用技巧

地主下家是进攻方，也称为顺跑位。这个位置有 4 个常用技巧，分别是管牌、接牌、顺牌和送牌。我们先看一些技巧要点，然后结合案例再来作整体分析。

2.1 管牌

管牌是指用较大的牌管地主的牌，相比于门板位，顺跑位的管牌会给地主更大的压力，因为门板位在地主上家，出牌的时候地主有较大机会可以垫牌调整，而顺跑位离地主隔一个位置，就意味着农民整体可以多跑出去一些牌，且顺跑位跑小牌的时候，会玩的门板位还会把牌值拉高，对地主很不利。所以顺跑位可以通过这个因素多给地主制造麻烦。

有以下几个常用的方法：

①对于地主的第一个2，大王可以不管，尽量保留大王控全场的能力，起到镇压地主摆尾逃跑的作用。

②如果有小王，要管地主的2，不让地主轻易取得领出牌权。

③对地主的A，农民尽量用2顶住，不让地主轻易取得领出牌权。当我们手里有22的时候，需要进一步判断同伴是否有2，地主是否在有意逼迫农民拆22（也许农民拆了22，地主就可以完全控制对子了）。

④有些时候要用2直接封住，不让地主用2抢夺领出牌权。我们讲地主上家技巧顶牌案例的时候，第5轮门板位就用的这招。

管牌后的选择我们在讲农民传信号的时候一起讨论。

2.2 接牌

接牌是指接门板位队友传过来的牌。接牌往往是自己的牌力比较强或自己有机会作为主跑方，此时的行为会带有明显的信号。接牌的时候有3点注意事项，优先级是从上到下的：

①接牌时向同伴表明态度，传递信号是第一位的。

②接牌的时候要看牌值，尽量不要压同伴的大牌，初学者容易这样打牌，认为自己才是救世主，自己跑掉了才是把地主打败了，不知不觉地把火力用在内部拼杀上。比如队友出了KK，地主没要，自己的AA就不要轻易上了，如果自己的AA上，地主再上22，那么对于地主来说22干掉了AAKK，并获得了领出牌权，农民是很亏的。

③跨级接牌的时候要谨慎，一旦跨级，就相当于在告诉地主外面的牌型信息，给地主算牌提供了信息。故意迷惑地主的除外。

接牌是打桥联战术的重要环节，我们下边会讲到桥联战术。

2.3 顺牌

顺牌是指基于自己是地主下家的位置，随着地主出牌顺出自己的小牌或者零碎牌。顺牌只有一点要注意，当门板位的队友已经表明主跑身份的时候，顺牌不要影响到队友主跑，甚至有些时候可以干脆不顺牌，当同伴需要的时候拼劲全力管一两手地主的牌，然后送一送同伴。

2.4 送牌

顺跑位的送牌一般是农民间已经有了明确的信号，门板位是主跑。顺跑位通过"管牌"取得领出牌权后，再给位于自己下家的门板位同伴进行"返回型"送牌。

3. 农民进阶技巧

前文提到，斗地主是三方参与的、非完全信息的动态博弈，其中动态博弈的两个特点是多阶段和顺序性。这就导致农民队友间可以通过行牌来传递信号。咱们这里说的传递信号是完全用牌的信息来传，可不是发个表情或者发个语音"你的牌打得忒好了"，也不是当面说"要不起"或"不要"（其实在暗示要三带或对子）。

3.1 确定主跑位

农民间应该尽快表态谁是主跑位，主跑位是要带行牌节奏的，农民间切忌抢主跑。一旦农民 A 表明要主跑了，农民 B 尽量就打配合，不要抢夺领出牌权。顶多抢 1 轮主跑，比如 A 表明要主跑了，B 很强势地在抢主跑，那么 A 就不要再抢了。那么，农民怎样通过牌型判断自己是否适合主跑呢？

地主下家即顺跑位，拿牌看到自己牌型后，如果没有太多的小单或者小对，就可以确定为主跑位，但别抢跑，要看同伴的表态。如果牌力比门板位强就更适合做主跑了，可以利用顺跑位的位置优势给地主造成压力。

门板位如果牌力值很强且牌很整，也可以确定为主跑位。确定为主跑位后一定要迅速表态，切忌犹豫不决。有的时候随着牌局变化，主跑位可能也会有变化，是正常现象，这就要看农民双方的配合了。

常见的主跑信号：

①地主开局出小牌，顺跑位直接上大牌抢领出牌权，且获得领出牌权后切换牌型，有想控制局面的味道。

②顺跑位接门板位送过来的牌型，说明自己要出牌。

③门板位较明显的抢跑信号，不顶牌反而垫小牌，在暗示自己对牌局可控（适合有经验的门板位农民，如果同伴只是因为没经验而垫小牌，那就只好欲哭无泪了）。

④一方农民跟地主对砸大牌，火药味很浓，说明牌力雄厚，且获得领出牌权后主动出多张牌型，比如三带、飞机、连对和长顺等。

⑤时间也是一个信号，如果一方非常快速出牌且牌型较整，说明要跑

的心情很迫切。

⑥如果顺跑位什么都不要，这也是一种表态，表明自己不是主跑方。

有时候我们为了发信号，连自己队友的牌也是要管的。我们来看一个牌局片段的案例（图4-25），地主出了KK，想用22回牌。顺跑位用AA管上。此时门板位要想作为主跑方的话，就要用对2压同伴的对A，顶住地主的对2。

图4-25 农民用对2压同伴对A

关于主跑还有两个技巧：

①虚张声势假主跑，很多高手在顺跑位，自身牌力不足的情况下会利用位置因素用"虚招"来迷惑地主，使地主露出破绽。如果地主首叫3分或开牌为长顺、双顺、三带等整型牌型，则可认定地主为强牌力，这时顺跑位可虚张声势吸引地主火力，比如快速下2吸引地主的小王。虚张声势要谨慎使用，有时候不仅骗了地主，可能连同伴也一起误入歧途了。

②自己非主跑牌型时，尽量少过牌，防止地主见到更多信息而暴露同

伴主跑的牌型。

3.2 获得领出牌权后的选择

很多刚会玩斗地主的玩家,在当农民获得领出牌权后,不知道该出什么,很多人按自己手牌里从小到大的顺序出,这是不对的。拿到牌权后意味着你可以自由出牌,此时有三种选择:发信号、做回应和试探地主牌型偏好。

(1)发信号

如果能跑,就尽量出多张牌型,这是在告诉同伴我要跑,我已经启动了。如果出小单,就是在告诉同伴,我可以掌控牌局走势,请配合我。如果跑不了,就给同伴送牌,也是在告诉同伴,"你快跑吧,我的牌不成"。

(2)做回应

如果同伴已经明确地发一些信号,或者我们在牌局里已经看出了一些端倪,那么就应在此时作出回应,即给同伴送牌。

(3)试探地主牌型偏好

作为农民,我们需要了解地主的牌型偏好,以便给地主的逃跑制造一些麻烦。地主的首出牌或在获得领出牌权后,往往都会打自己喜欢的牌型,即他有很大把握可以再次获得领出牌权。地主出单我们就出对,地主出对我们就出单,或者出三带、顺子,跟地主拧劲儿出牌。此时地主大概会有三种反应:

①地主不要,此时是最理想的,那么农民们此时不要再轻易变动牌

型，已基本确定地主软肋在哪里，宜继续打此牌型，但不宜牌值下降太低，比如77地主不要，我们可以再出88、66，谨慎出33，以免地主跑出小对。同时也要看同伴的反应，如果同伴此时接牌，证明地主不喜欢的牌型正是同伴喜欢的牌型，这对农民是非常有利的，往往此时地主会犯错误。

②地主正常管牌，那么说明我们并没试探出地主的软肋，不过也是有用处的，我们知道这种牌型不是地主的软肋。

③地主越级跨度很大压牌，虽然被地主管上了，此时也是比较理想的。还是以上面的77举例，地主直接用AA管上了，那么我们可以判断地主手里再无其他介于77和AA的牌型，我们再出88、99这样的牌，地主就没有其他牌管了，或者只能上22（如果地主有并且舍得下的话）。此时可按情况①处理，争取夺回领出牌权，继续打此牌型进攻。

有时候我们作为农民不仅要试探，还要逼迫地主出现软肋。比如地主只剩两张牌时，如果自己有绝对控制牌权的牌，要出单，逼迫地主剩一张，逼迫地主出软肋。农民拿到牌权后，千万不要只看自己手里的牌，否则一不小心就给地主打回去了，出牌要有目的性。

3.3 桥联战术

所谓"桥联战术"，是指通过农民间的送牌、接牌、顶牌等技巧组合，跨过地主，在农民之间建立起连接的战术技巧（图4-26）。我们来看一个桥联战术的典型案例。

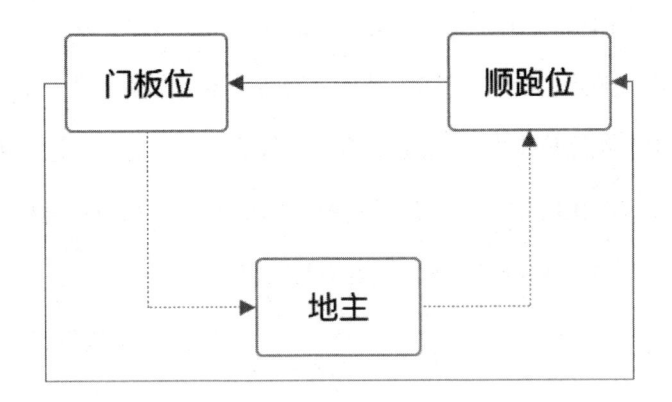

图 4-26　农民桥联战术示意图，跨过地主建立连接

下面是三家的位置及手牌情况。

地主下家（顺跑位）：3456889900JJJ（领出）

地主上家（门板位）：3455677AA2

地主手牌：单 A

此时地主只剩一张单 A，农民都有多张单牌，任何一方单出都不可能取得胜利，用桥联战术配合还有一线生机。具体如何操作呢？我们一起看下。

第 1 轮，顺跑位领出单 3，门板位用 2 顶住，获得领出牌权。

第 2 轮，门板位出 55，地主要不起，顺跑位用 88 接住，获得领出牌权。

第 3 轮，顺跑位领出单 4，门板位用 A 顶住，获得领出牌权。

此时三家的手牌情况：

地主下家（顺跑位）：569900JJJ（领出）

地主上家（门板位）：34677A

地主手牌：单 A

第 4 轮，门板位用 77 送牌，地主依然要不起，顺跑位用 99 接住。

第 5 轮，顺跑位出 JJJ 带 5，其他人都要不起，顺跑位继续领出。

第 6 轮，顺跑位出 00，地主要不起，最后一张 6 跑出，取得胜利。

我们发现农民间用对子搭建了一座隐形的桥梁，利用这座桥顺跑位在不停地跑牌，而门板位在拦截，把地主与桥隔离。

思考题 3：

当地主只剩一张牌的时候，我们出牌应该遵循什么原则？

参考答案：要看我们所处的位置，在自己不能跑的情况下，门板位要从大往小了出。地主只剩单牌了，我们不要轻易接队友的对子，要在有十足把握可以跑的情况下再接，否则队友有炸弹的话不知道是否该炸。尝试与同伴采用桥联战术。

3.4 农民先打底牌

咱们都知道，地主应尽量先把底下补上来的 3 张牌处理掉。如果底牌在手里，农民是有可能推测出地主手里的牌型。农民其实也有先打底牌的策略。

何谓农民先打底牌？比如地主底牌上了 2、A、6 三张牌。如果农民 A 快速打出一张 6，则是在间接告诉伙伴我手里只有一张 6，那么农民 B 则可以根据自己的手牌反推出地主到底有几个 6。这是农民通过先打底牌来传递信号。

4. 农民配合精彩案例

这里精选了五个完整的大赛案例,结合上面所学,看农民是如何综合使用上述技巧的。

案例 5. 教科书级别的农民配合

我们欣赏一场农民之间发信号和送牌技巧运用特别精彩的一局牌(图 4-27～图 4-32)。这局牌也是来自 JJ 斗地主战队联赛。我们重点看农民间的配合和打地主软肋,可谓是教科书级别的。

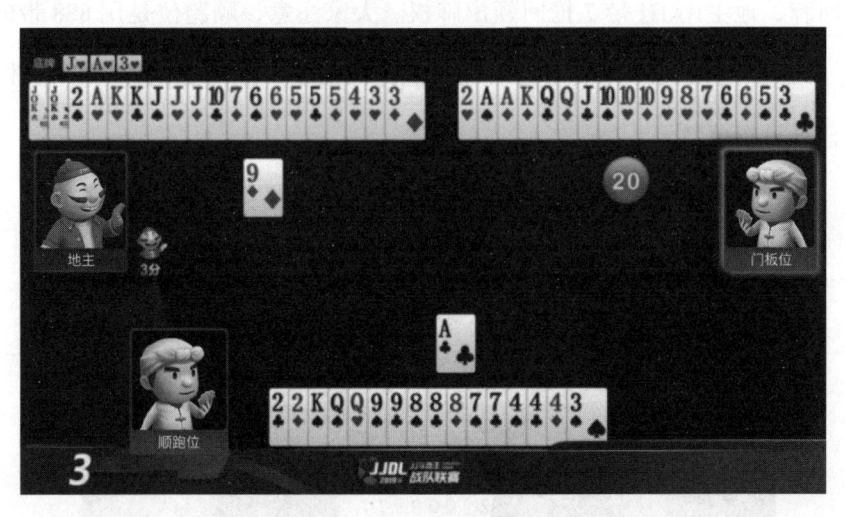

图 4-27　案例 5(农民配合教科书)第 1 轮

地主位于左上角位置,牌力还算不错,有几张单牌需要调整;顺跑位的农民牌力没那么强但比较整，门板位农民牌力还不错，有长顺。

第 1 轮，地主以单 9 开牌，顺跑位直接用单 A 顺牌并直接取得领出牌权，地主牌力不足没有用 2 管。此时已经有了顺跑位想做主跑的信号。

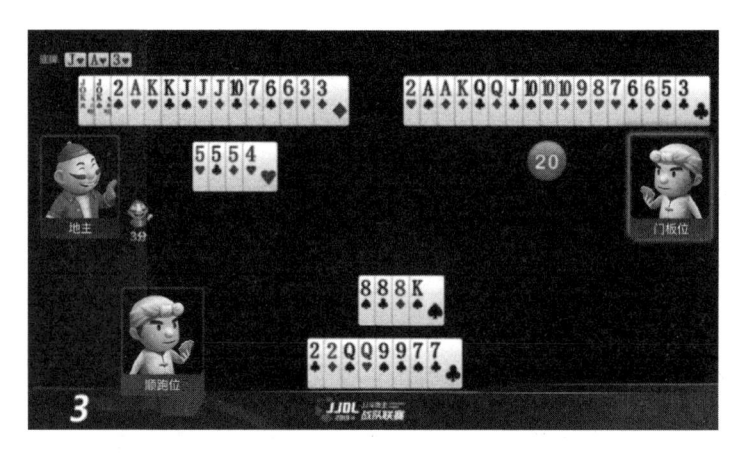

图 4-28　案例 5（农民配合教科书）第 2 轮

第 2 轮，顺跑位领出 4443，地主用 5554 管上，顺跑位继续用 888 带 K 回牌，地主用 JJJ 带 7 抢回领出牌权。大家注意，顺跑位是用 888 带的 K，K 已经是很大的牌了，更明确了主跑的信号，同时也是在告诉同伴，我已经没有单牌了。

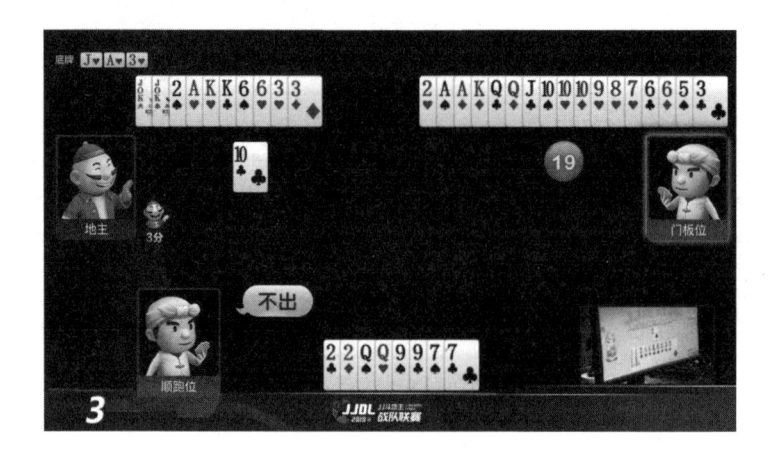

图 4-29　案例 5（农民配合教科书）第 3 轮

第 3 轮，地主出单 0 继续调整，顺跑位此时不要，再一次向同伴释放了自己要对子的信号。门板位显然接收到了，直接用单 2 封死，抢得领出牌权。

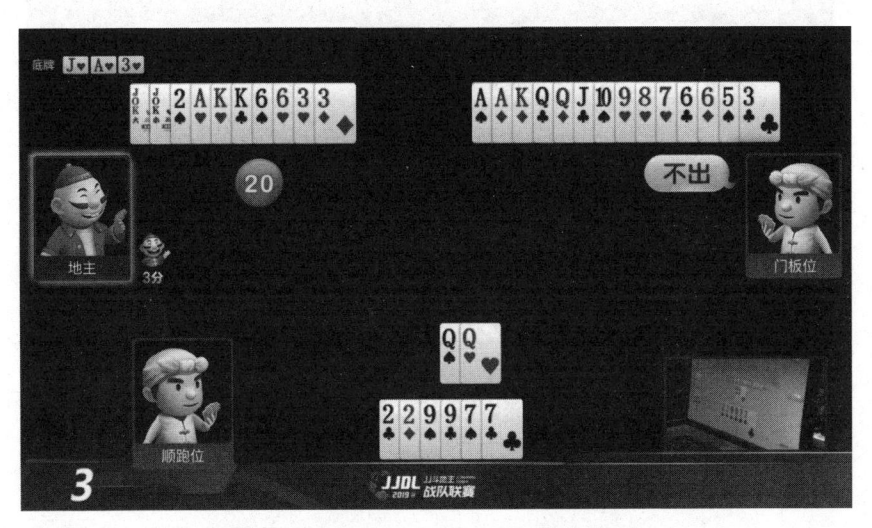

图 4-30　案例 5（农民配合教科书）第 4 轮

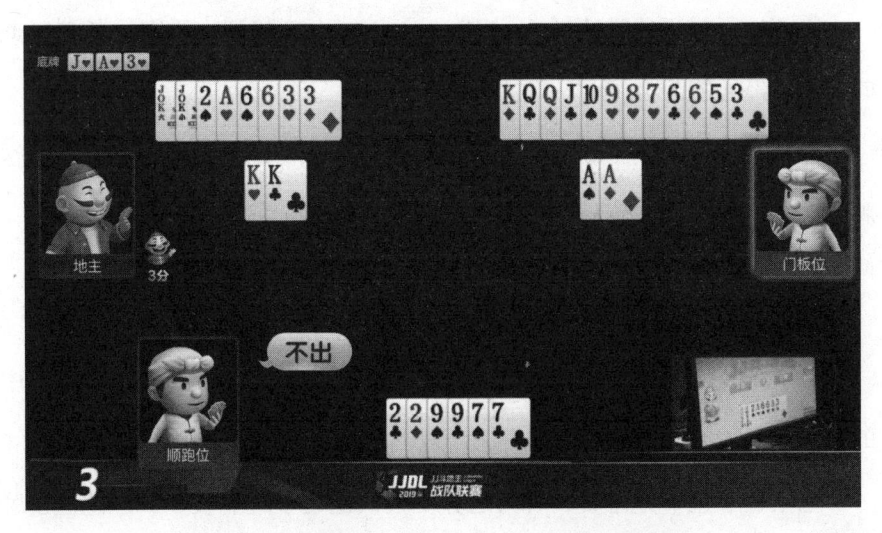

图 4-31　案例 5（农民配合教科书）第 4 轮续

第 4 轮，门板位按照之前的分析，开始送牌，先试探性地送了自己中间的对子对0，地主不要，顺跑位此时用QQ接牌。地主用KK压住主跑方，门板位用AA帮助队友打地主。

图4-32　案例5（农民配合教科书）第5轮

第5轮，门板位继续用66送牌，顺跑位用99接牌，手牌只剩22，此时地主已经无能为力。

此局牌一共只用了5轮，农民配合思路非常清晰。门板位的顶牌和送牌，顺跑位的规划和信号，都可圈可点。

案例6. 门板位的三带神传

接下来我们再来欣赏一局门板位的封神送牌，是全国斗地主公开赛中的案例（图4-33～图4-37）。

地主位于正下方位置，牌力还算不错，但是小牌比较多；顺跑位手牌结构化后，如果不强求9999炸弹的话牌型是很整齐的；门板位的牌还算是中规中矩，有两个三带。

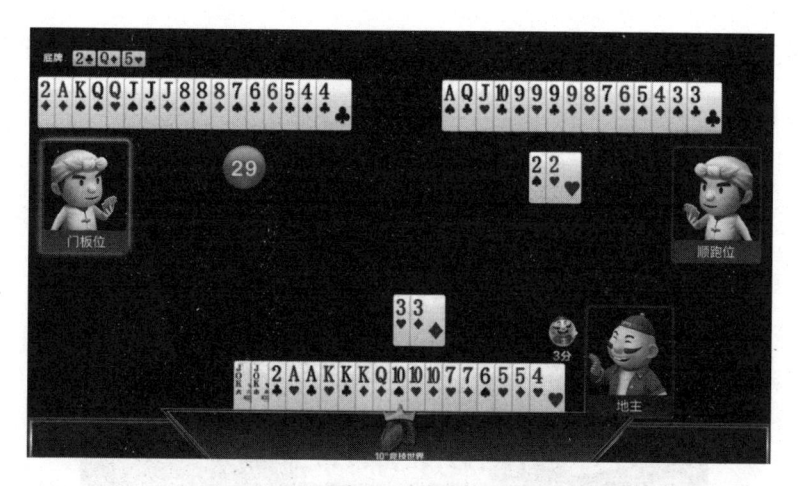

图 4-33 案例 6（门板位三带神传）第 1 轮

第 1 轮，地主选择 33 开牌，这种开牌方式有待商榷。顺跑位直接用 22 封顶。

分析：我们看到了顺跑位非常明显的抢跑信号，还有一点容易忽略的信息，在门板位视角，自己手牌没有 3，地主出了 33，那么同伴应该有 33。

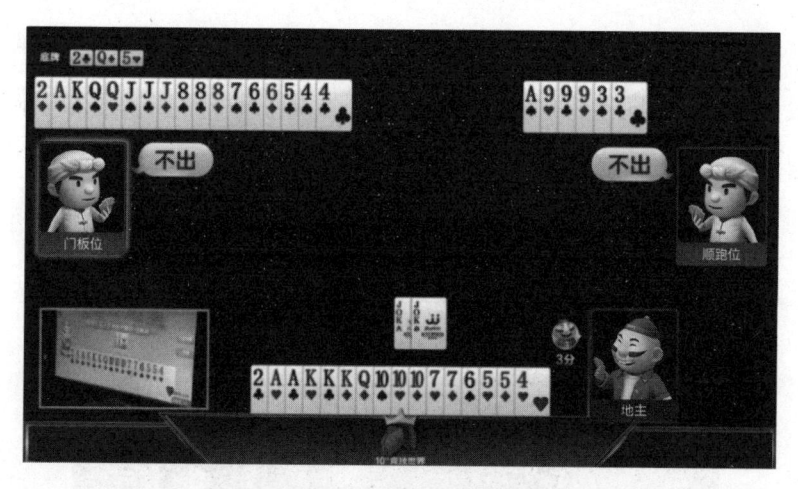

图 4-34 案例 6（门板位三带神传）第 2 轮

第 2 轮，顺跑位直接闯 4567890JQ 长顺，仅剩 6 张手牌。地主被迫王炸。这里有个细节，在门板位的视角，更加坐实了同伴有 33。因为如果有单 3

的话，就会带入顺子，如果同伴没有3的话，地主不可能没有3333。（假设法算牌）

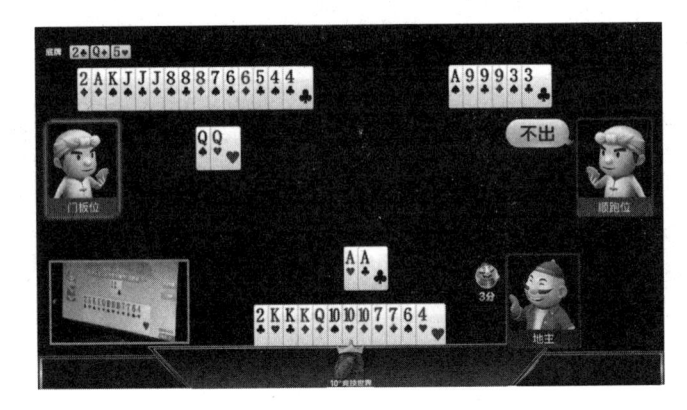

图4-35 案例6（门板位三带神传）第3轮

第3轮，地主王炸后出55继续调整手牌。地主为什么出55呢？因为自己开牌的33顺跑位直接用22封死的，说明下家手里没有对子。顺跑位果然过牌，门板位用QQ压死，地主用AA抢回牌权。

门板位的分析：同伴（顺跑位）剩6张牌，除了33还有4张牌，且再没有对子。而同伴非常强势的抢跑信号，说明牌非常整。那么同伴手里大概率有三带。

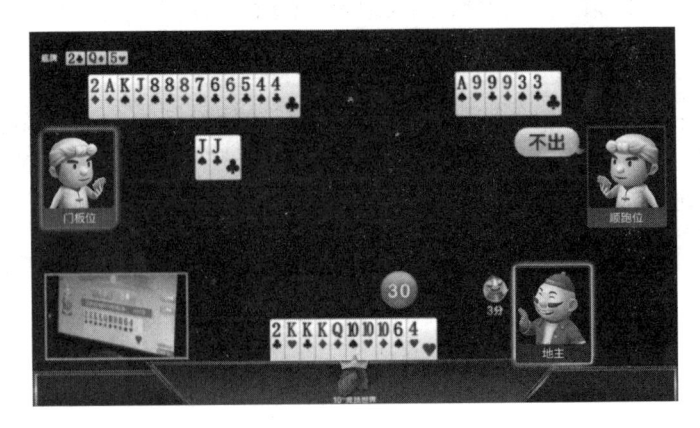

图4-36 案例6（门板位三带神传）第4轮

第4轮，地主用 AA 抢回牌权后，继续出 77，门板位用 JJ 压死。地主此时牌型较为尴尬，选择不要。

图 4-37　案例 6（门板位三带神传）第 5 轮

第 5 轮是关键，门板位打出了惊天妙手，舍己为人，强行拆顺子打出了 88844 为队友送牌。基于前面的分析，我们也可以知道要送三带了，但是三带单还是三带对怎么选择呢？刚刚跟地主已经缠斗了几个回合的对子，地主可能对子已经不多了，而且最好的效果就是隔着地主送过去，所以选择三带对是明智的。果不其然，地主过牌，同伴用 99933 接住，顺利出完，赢得胜利。

门板位的算牌、顶牌和送牌基本功非常扎实，比赛令人回味无穷，极具观赏性。

案例 7. 顶牌 + 打地主软肋

案例 7 也是来自 JJ 斗地主战队联赛中的对局，我们来看顺跑位怎么在低牌力值的情况下跑掉的（图 4-38 ～图 4-44）。

地主位于正下方位置，手牌没有王，但有222和AA，剩下的牌也还算齐整。外面双王没成，就牌面来看，地主还是有一些优势的。

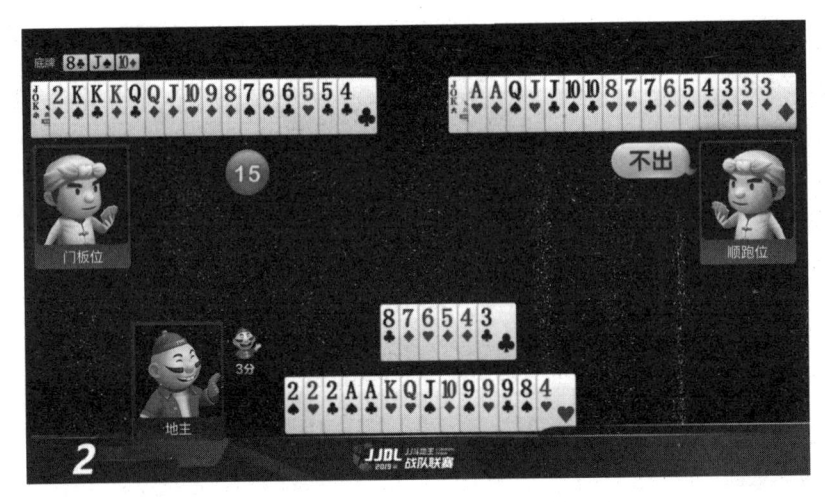

图4-38　案例7（打地主软肋）第1轮

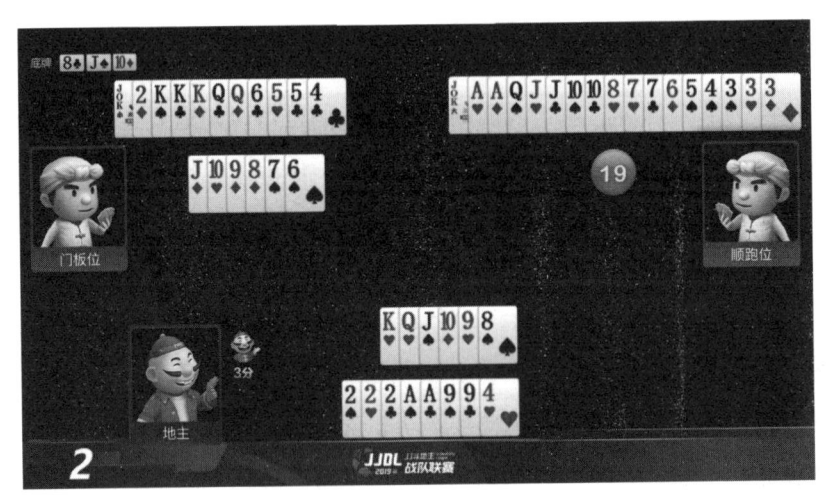

图4-39　案例7（打地主软肋）第1轮续

第1轮，地主的开牌为345678，看起来是计划用890JQK来回牌。顺跑位过牌，门板位用67890J管上，地主按照计划用890JQK回牌，继续保持领出牌权。

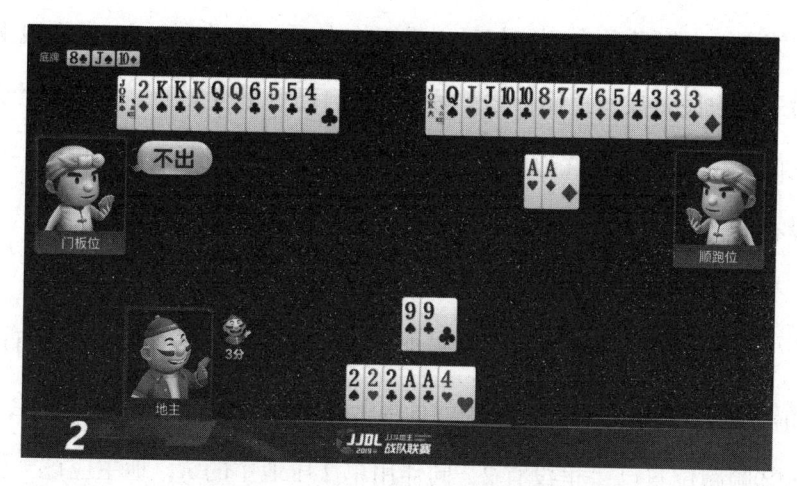

图 4-40 案例 7（打地主软肋）第 2 轮

第 2 轮，地主出 99，顺跑位直接上 AA 顶牌。注意哦，这次是顺跑位来顶牌了，为什么呢？三轮顺子已经出完，结合顺跑位自己手牌，门板位能管住 99 的牌不多了，且地主牌比较整，打顺子有回牌，这轮出了 99，明显是有较大的对子在等回牌。门板位不太可能有 22，要不然地主凭什么叫 3 分呢。综上分析，顺跑位决定用 AA 来顶住地主，至少也要先把地主的 22 薅下来。地主选择不拆 222，将领出牌权让给顺跑位。

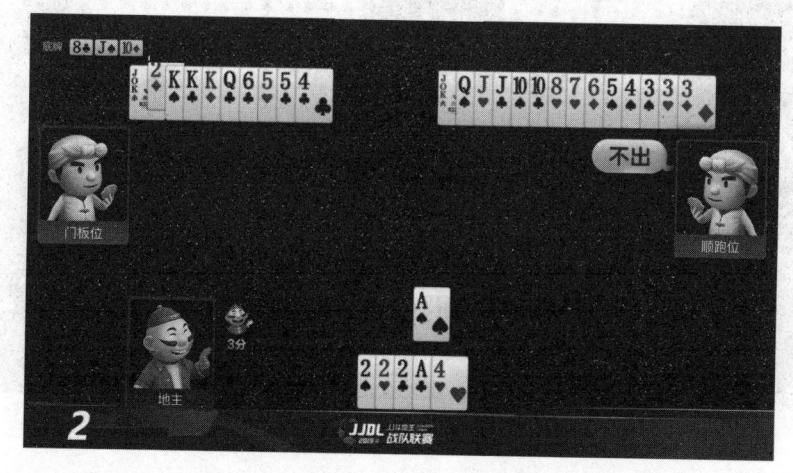

图 4-41 案例 7（打地主软肋）第 3 轮

第 3 轮，顺跑位拿到牌权后，果断换牌型，选择出 7，一方面地主想要对子，农民就反其道而行之；另一方面自己手里有大王，单牌不至于失控。门板位拆对 Q 来扛地主。地主选择拆 AA 压住，顺跑位考虑到一张 2 都没有下，自己用大王管 A 不合适，选择过牌。门板位用单 2 压死。

分析：

①地主拆对 A 的行为已经比较明显了，所以手里还有一张 A。而且地主如果是单 A 的话，刚刚出顺子就直接出顶天了，没必要给农民留机会。

②顺跑位自己手里没有 2，同伴用单 2 压地主的 A，地主应该至少有两个 2，很有可能 3 个 2，因为没有管自己的 AA。2 的分布还只是大概率事件，不能完全确定。

③同伴的 2 地主没用小王管，地主手里大概率没小王，就剩这么几张牌了，小王是被大王制约的，留手里不是好事儿。地主如果没有小王的话，大概率是 222，要不然怎么叫的地主呢？

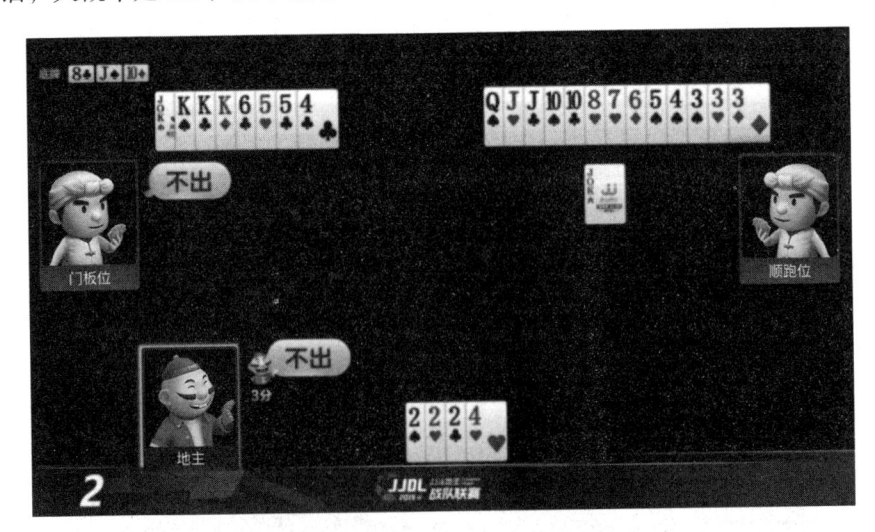

图 4-42 案例 7（打地主软肋）第 4 轮

第 4 轮，门板位出单 Q，地主顺垫单 A，顺跑位思考片刻，直接用大

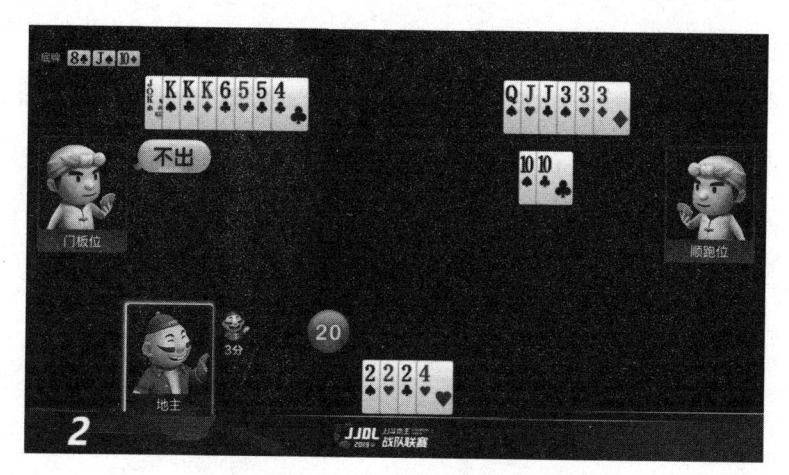

王管上，这时已经可以比较笃定地推理出地主剩222带个单牌了。

图 4-43　案例 7（打地主软肋）第 6 轮

第 5 轮，顺跑位出 45678，没人要。

第 6 轮，顺跑位继续出 00，此时地主知道外面有小王，不敢拆 222，因为拆完后打单报 2，农民一定会上小王，然后再出对子，地主剩一张牌很难出去了。最好是有个单牌的时候拆出个单 2 来吸引小王，这样胜算比较大一些。

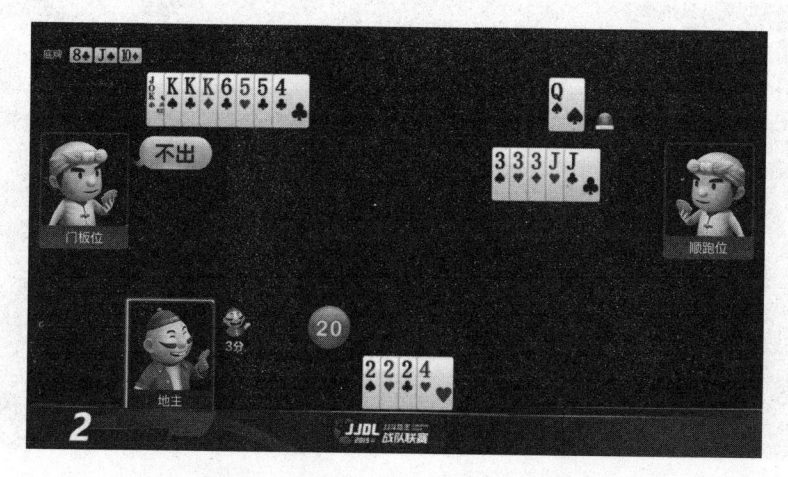

图 4-44　案例 7（打地主软肋）第 7 轮

第7轮，顺跑位继续出333带JJ，地主已经无力回天，农民胜利。

此局牌顺跑位农民在图4-45牌力值的情况下跑掉，核心在于两点：第一点是第2轮用AA顶住了地主的AA，并改换牌道，逼迫地主拆开AA；第二点在于看穿了地主的手牌，并专攻地主软肋——对子，用小牌把地主欺负得非常难受。

图4-45 案例7（打地主软肋）顺跑位农民开局手牌

案例8. 强牌力地主被神级农民配合限制住

再看最后一个案例。地主的牌力可谓非常强，根据手牌结构化来看，地主单牌只有单K和大王。对子有6677JJQQ22，三带有333和AAA呼应。牌力上来看都可以防炸了。我们看农民是如何配合把地主限制住并赢得牌局的（图4-46～图4-48）。地主位于正下方位置。

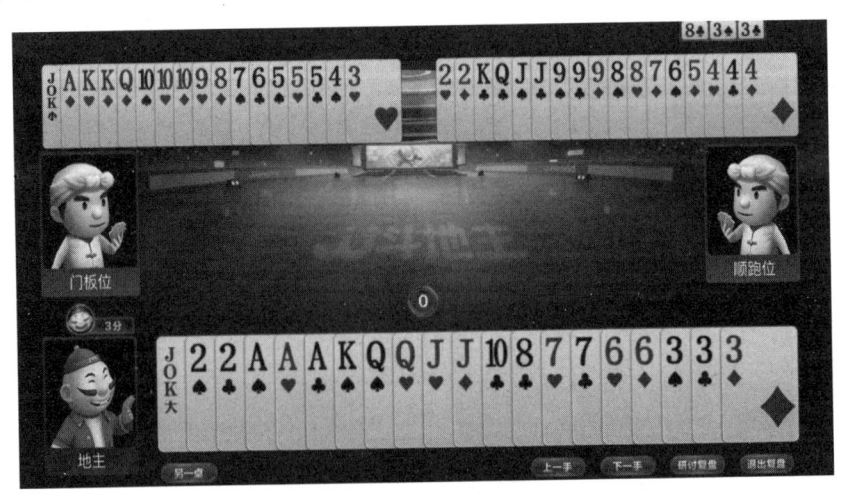

图4-46 案例8（神级农民配合）开局

第 1 轮，地主开牌首先出对 6，顺跑位顺过对 9，规划成 5 到 9 顺子和三带一的牌型。门板位直接顶对 K，地主选择对 2 抢回领出牌权。

顺跑位分析：同伴出了 KK，那么地主手里有一张 K。

第 2 轮，地主继续调整出对 7，顺跑位过对 J，地主打对 Q，顺跑位用对 2 拿到领出牌权。

分析：顺跑位连续垫了两手牌 99 和 JJ，且现在用 22 拿到牌权，非常明确的信号要作为主跑方。

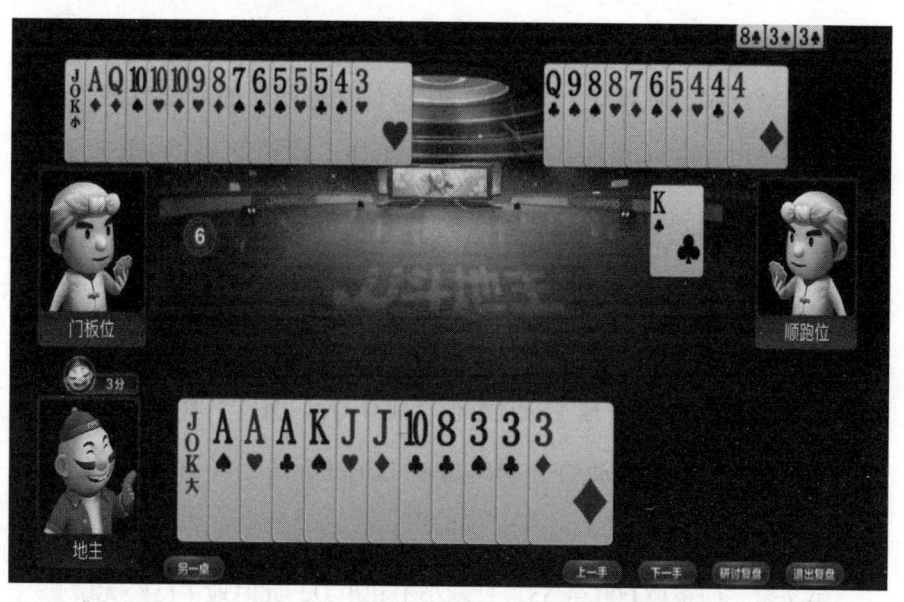

图 4-47 案例 8（神级农民配合）第 3 轮

第 3 轮行牌，拿到牌权的顺跑位选择出单 K，意图很明显，知道地主有个单 K，故意顶住地主。地主选择让了一手，为什么呢？因为地主的 JJ 不大，外面很可能有 QQ。

第 4 轮行牌，顺跑位选择闯 5 到 9 的顺子，现在手牌只剩 4448Q，地主不要。

图 4-48　案例 8（神级农民配合）第 5 轮

第 5 轮行牌，顺跑位出了单 8，门板位根据同伴的行牌也清楚地主有张 K，所以用 A 来顶住地主。顺跑位为什么没有出 444 而出单 8 呢？因为 3 和 A 一直没见，顺跑位怕打到地主手里去。留着 444 可以控地主的 333。

分析：此时基本可以判断出地主有 AAA 了。同时还有一张单 K。因为农民双方藏住了 QQ，地主一直觉得外面有 QQ，所以不敢下大王。

第 6 轮，门板位启动顺子 3456789。这时主跑方已经悄然从顺跑位更替到门板位了。

第 7 轮，门板位 000 带 55，只剩小王和单 Q，此时地主已经无解。

两个农民用默契的配合打败了牌力如此雄厚的地主，是农民配合的经典案例。

案例 9. 笑里藏刀，666 带单 2 传信息，农民多赢一炸

这一局农民巧妙地三带传递信号，导致农民多赢一炸，可谓别出心裁（图 4-49～图 4-56）。

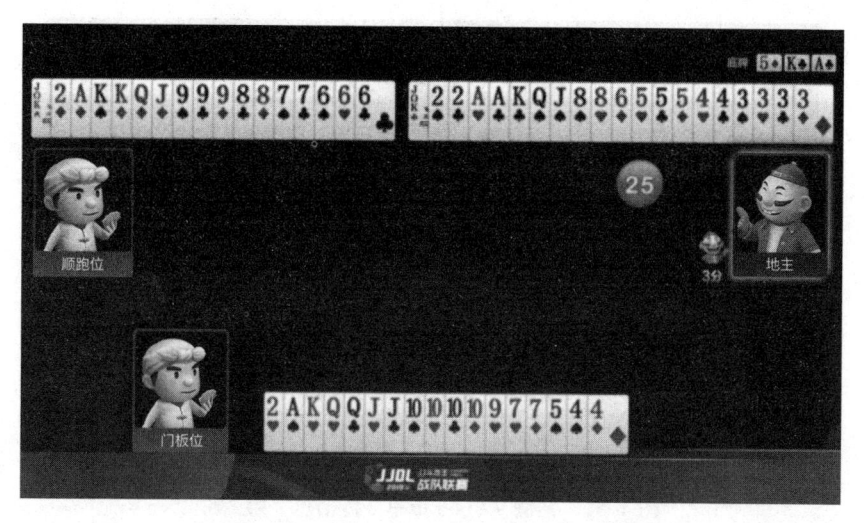

图 4-49　案例 9（666 带单 2 传信息）开局

地主在右上角方位，有小王 22AA 还有 3333 炸弹，牌力还不错，但是也有较多需要调整的单牌，并不好打。顺跑位农民牌力还不错，且有两个三带牌型，门板位农民有炸弹。

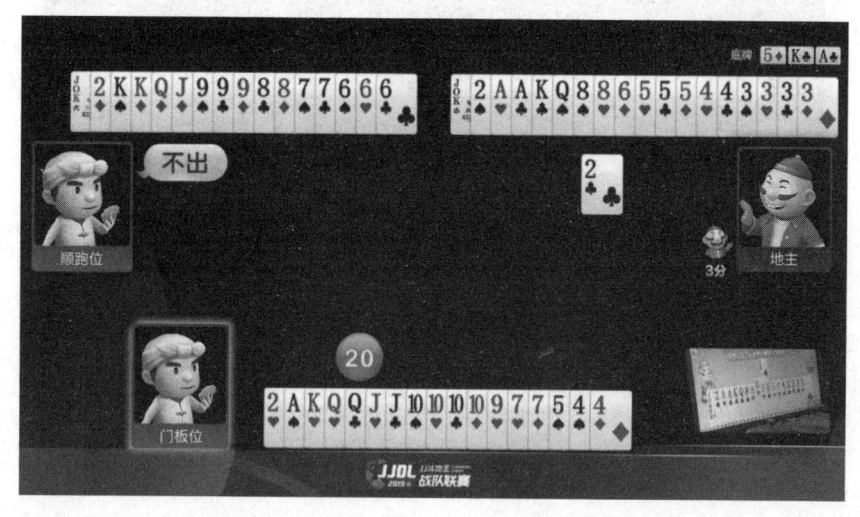

图 4-50　案例 9（666 带单 2 传信息）第 1 轮

第 1 轮，地主选择用单 J 开牌，顺跑位垫 A，地主被迫拆 2 回牌。

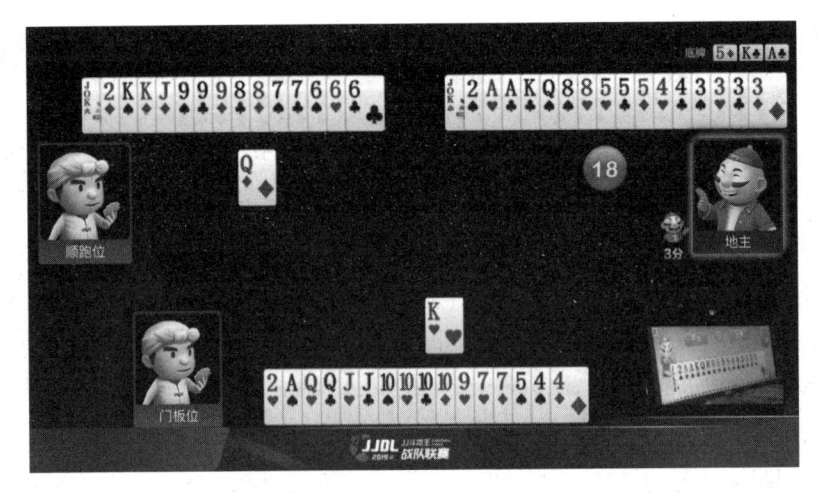

图 4-51　案例 9（666 带单 2 传信息）第 2 轮

第 2 轮，地主继续出单 6，已经暴露了地主有较多单牌需要调整。顺跑位垫 Q，门板位出 K 调整。地主不再上 2，门板位通过单 K 拿到领出牌权。

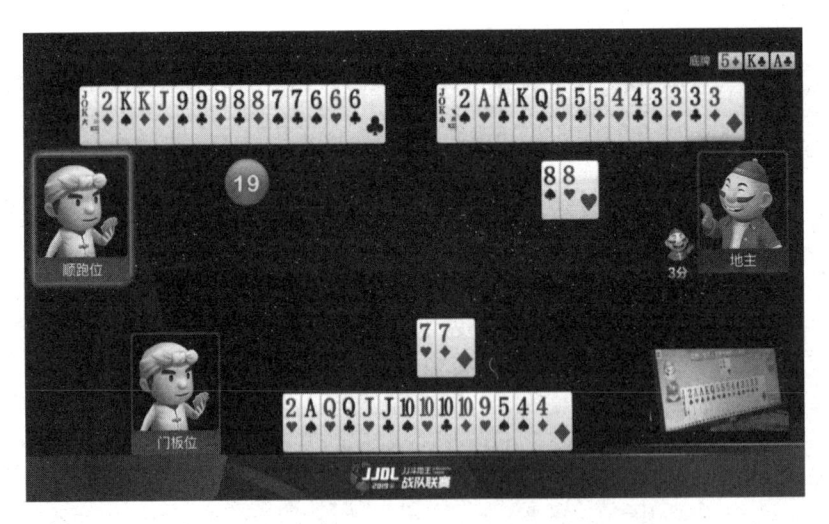

图 4-52　案例 9（666 带单 2 传信息）第 3 轮

第 3 轮，门板位知道地主需要调整单牌，所以打对 7 进行试探性送牌。地主顺垫 88，顺跑位用 KK 接牌，地主果断用 AA 管住。顺跑位用

KK 接牌表达了想要主跑的意思。

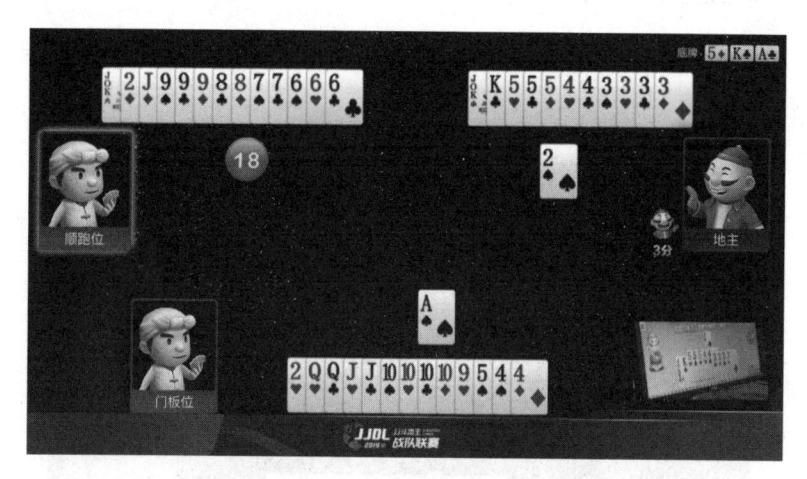

图 4-53　案例 9（666 带单 2 传信息）第 4 轮

第 4 轮，地主出单 Q 继续调整，门板位用 A 顶牌，地主用剩下的单 2 回牌。此时顺跑位农民的大王没有下，是正确的选择。地主的两张单 2，都没有小王管，此时小王一定在地主自己手里，所以顺跑位农民的大王是想留着限制地主手里的小王。

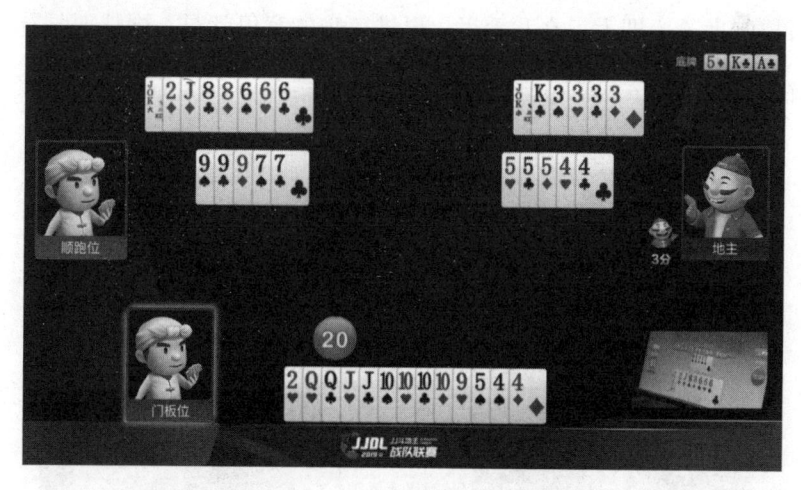

图 4-54　案例 9（666 带单 2 传信息）第 5 轮

第 5 轮，地主出 555 带 44，还剩两张单牌和一个炸弹。顺跑位正好用

999 带 77 接过来，获得领出牌权。

第 6 轮，顺跑位选择出 88 试探。地主不要，再一次印证了地主手里剩单牌的猜想。

图 4-55　案例 9（666 带单 2 传信息）第 7 轮

第 7 轮是关键，顺跑位打出了别出心裁的一手牌，用 666 带 2 而没有用 666 带 J，让同伴猜猜是啥意思吧。这其实是在告诉同伴，我剩下的牌有绝对控制力了，即大王在我手里。再进一步的意思就是，同伴要是有炸的话就炸吧。

图 4-56　案例 9（666 带单 2 传信息）第 7 轮续

第 7 轮继续，这种比赛的参赛高手在已经知道断张 3 没见面的情况下，基本可以肯定地主有 3333，且有小王，还有一张单牌。门板位在思考片刻后也领会到了同伴的意思，果断用 0000 炸弹，地主此时无奈，只好第 8 轮看着门板位送单让顺跑位农民跑掉。

高手打牌不只看一局牌的胜负，而是比拼多局后的比分，同样一副好牌，大家都可以打赢，但有些高手可以价值最大化多赢一炸，多局牌下来就可以显示出水平高低。

要点小结

✓ 门板位不要只看自己手里的牌，自己是守门员。

✓ 开局单牌尽量用 J 以上的牌顶地主，前期不要让地主过 9 以下的对子。

✓ 地主的第一个 2，大王可以不管，尽量保留大王控全场的能力。

✓ 农民间要尽快确定主跑方。

✓ 农民之间可以用桥联战术来送牌。

✓ 获得领出牌权后出的牌大概率是信号牌。

✓ 不只是地主要尽量先打底牌，农民也可以尽量通过先打底牌来传递信息。

第5章　地主技巧

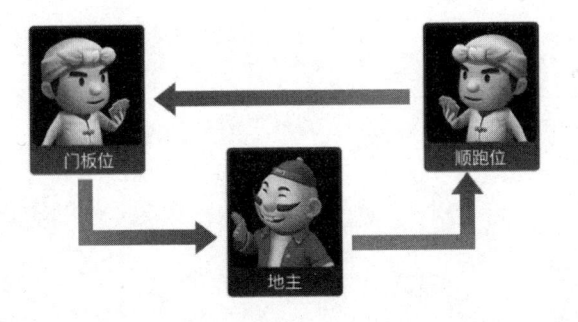

在农民技巧的章节中,我们重点讨论了"道"层面的东西,即方向层面的。一些"术"层面的小技巧我们会在地主技巧章节中讨论。在了解了农民门板位和顺跑位的技巧、农民之间的信号配合之后,再来探讨如何当地主,是不是就有一种知己知彼的感觉了?我们先看下地主这个角色的优势和劣势。

地主角色的优势:多了3张底牌,即手牌结构化时牌型会有更多搭配组合,同时拥有首出牌权。

地主角色的劣势:需要以一敌二,有一个农民先跑了就算输,要防着两家。

那么如何当好地主呢?答案就是基于优势和劣势,扬长避短、审时度势。

1. 地主开牌技巧

首出牌权是地主的一项特权，也可以称为"开牌"，此时可以出任一组合牌型。如果地主自首出牌开始一直保持领出牌权，农民一张牌都没出，称之为"春天"；地主只出了第一手牌，随后领出牌权一直被农民占有，地主再也没有继续出牌，则称之为"反春"。

这么看来开牌还是有一定技巧的。所以地主开牌时的选择要尽量符合两个原则：

①有后手回牌的牌型，即手牌里有足够大的可夺回领出牌权的牌型。

②保留手中的变化，以应对农民制造的麻烦。

思考题：开局手牌如下：333456677780JQKA22 大小王，这副牌如何进行手牌规划和开牌呢？

参考答案：有几种不同的规划，可以用之前提到过的手牌结构化分解如下：

① 3336+45678+77+0JQKA+22+ 大小王。

② 3334+7775+66+8+0JQKA+22+ 大小王。

③ 33+345678+6+77+0JQKA+22+ 大小王。

第一种方案有 3 手小牌，第二和第三种方案有 4 手小牌，同时第一种方案中有两手小牌我们手里有对应的可以抢牌权的大牌，45678 对应 0JQKA，77 对应 22。所以我们选择第一种方案比较好，第一种方案也有几个不同开牌选择：

①初级玩家会觉得333没用也不大，最好先扔出去，其实这是非常危险的。为什么呢？万一外面有888或者JJJ之类的，就有被打反春的可能性，即使不被打反春，搞一些6顺、三带或连对等，我们也不太好处理（在不见9的情况下，外面还可能有炸弹）。斗地主通常会有这样的规律，你的牌好，那么其他人的牌也不错。这样看来333用来摆尾是不错的选择，免得第1轮下来就将领出牌权交给农民。

②用77开牌，是可行的选择，用对2抢回牌权，再打45678用0JQKA回牌，风险是外面有人用0JQKA顶天顺封死了怎么办？

③用6开牌，拆2抢回牌权，也是可行的选择，打得略复杂一些，不过还是有被农民直接用单2顶住的可能性，且拆开2后不再有控制农民的对子。

④选择用45678开牌，用0JQKA回牌，这是相对理想的选择。保留22在手可单可对，有更强的控场能力，农民总是要出单或对子的。

细心的读者可能会注意到我加括号的"在不见9的情况下"，其实这个例子比较特殊，一旦见到9就具备王炸的条件。所以开牌选用45678还有一个潜在的好处，就是试探9的分布，一旦有人用带9的顺子管上了，我们可以用0JQKA回牌，然后打出对7，即使农民用对2封死，我们也可以直接王炸，再出22，最后摆尾甩出3336。

其实上面这个例子是一副见9就赢的牌，主要是用它来讲解怎样利用首出牌权开牌。之前提到，对数亿局实战牌局做了大数据分析，地主获胜平均要获得4.2次领出牌权（算上地主的首出牌权），所以除了首出牌权，我们还要抢得3.2次领出牌权，那么首出牌就非常重要，要尽可能进入我们可以控制的轨道，在牌力还可以的情况下，通过首出牌的牌型，将这一轮的领出权控制在自己手中。

案例 10. 地主开牌选择失误，输两炸

我们来看一局地主开牌选择失误，导致输两炸的案例（图 5-1～图 5-6）。这局牌也是来自 JJ 斗地主战队联赛。比赛双方来自河北队和四川队。

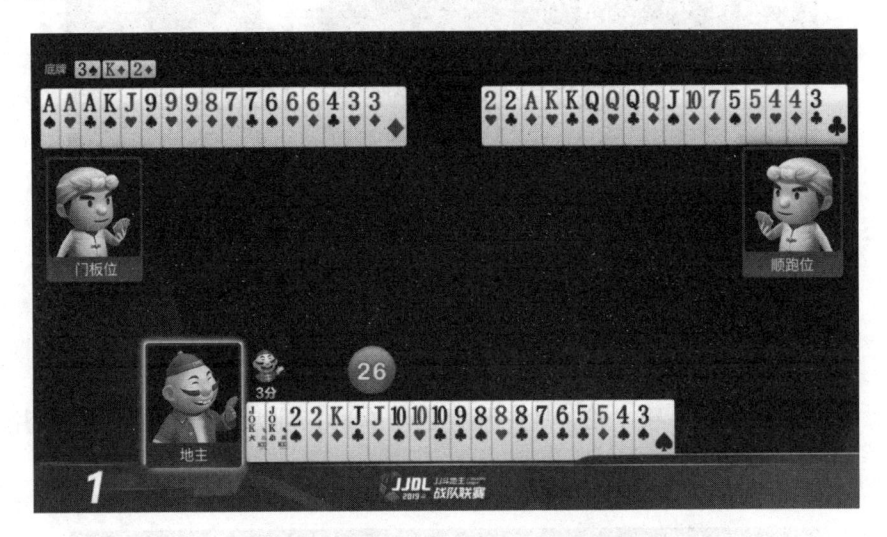

图 5-1　案例 10（开牌选择失误）开局

地主位于正下方，牌型和牌力还不错，两个农民的牌型和牌力也很不错，可谓势均力敌，我们以上帝视角来看，农民可能还要略胜一筹。此时地主的首出牌权就尤为重要，其有多种规划的可能性。

① 34567，8885，0009，JJ，K，22。

② 3456789，0005，88，JJ，K，22。

③ 34567890，5，88，00，JJ，K，22。

显然第 3 种选择不太好，需要有 7 手牌，而方案 1 和方案 2 都是 6 手牌。方案 1 和方案 2 哪个更好呢？我认为是方案 1，因为这样只需要调整两手单或对子。有人可能怕 34567 太小了。我们手里已经有 888 和 000 了，34567 看大的可能性其实很高。还有一种选择是先出 JJ，同时保留 1 和 2 的变化，随机应变。

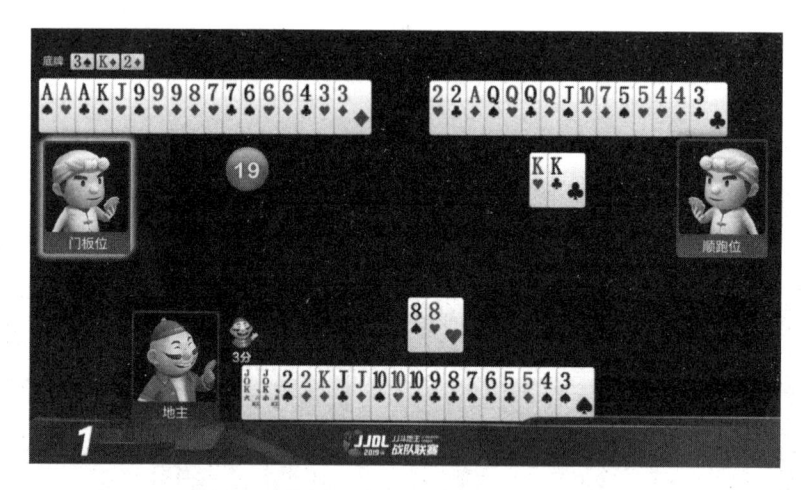

图 5-2　案例 10（开牌选择失误）第 1 轮

实战过程中，第 1 轮，地主开牌选择了 88，即方案 2。顺跑位直接用 KK 顶上，地主牌力不足，选择不要。

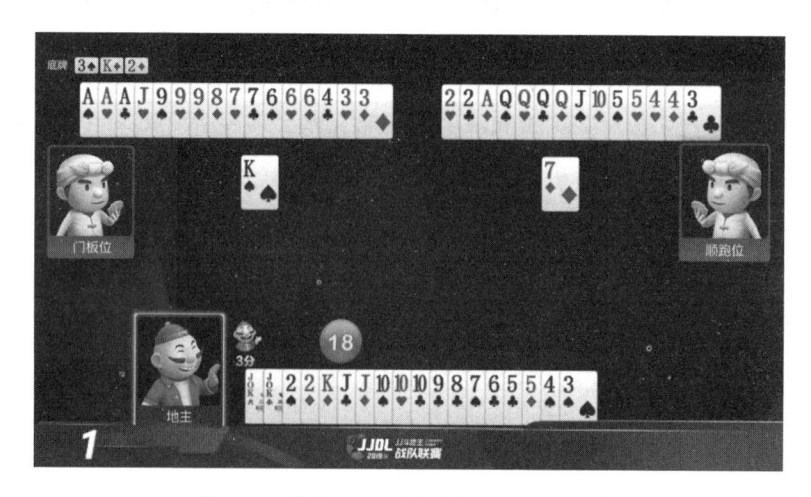

图 5-3　案例 10（开牌选择失误）第 2 轮

第 2 轮，顺跑位出单 7，毕竟地主刚刚出对子，改换一下牌道。门板位顶了一张 K，非常好的配合。此时地主选择不要，是有待商榷的。因为这样已经暴露了自己想要对子且单 K 过不去的软肋。

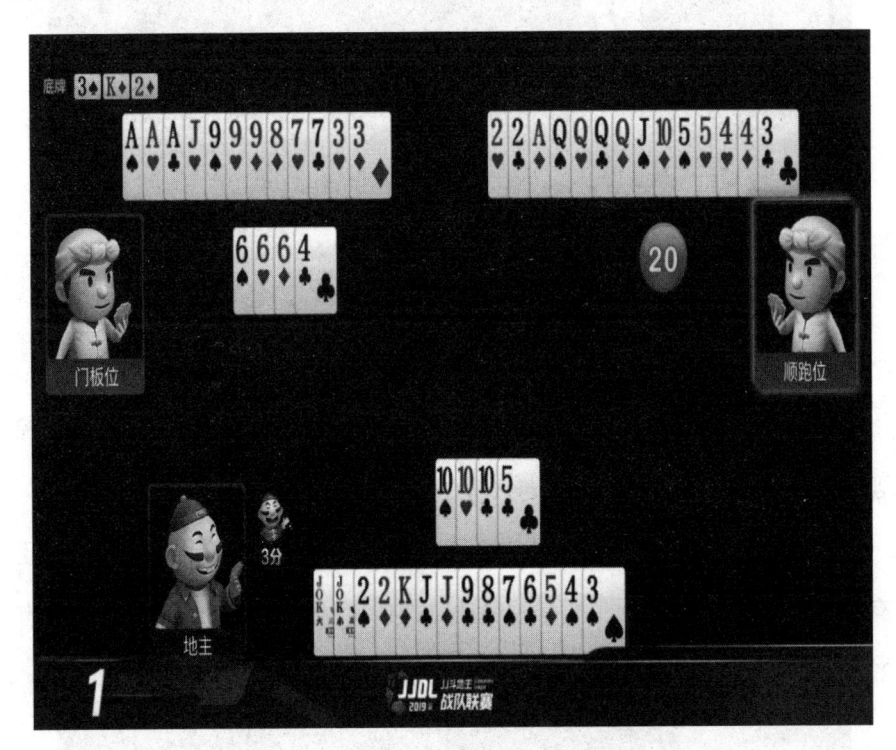

图 5-4 案例 10（开牌选择失误）第 3 轮

第 3 轮，门板位用单 K 拿到牌权后，出了 666 带 4，有一些要主跑的味道了，出三带说明手里还有强控三带的回牌。地主用 000 带 5 管上，其实这时就看出差别了，如果保留 888 的三带变化的话，此时还可以用 888 带 5 垫。

第 3 轮继续，门板位用 AAA 带 8 抢回领出牌权，继续发送主跑信号。此时地主基本已经知道 QQQQ 大概率成炸了，因为自己的 88，农民是用 KK 管的，而且 000 直接就要下来 AAA 了。

图 5-5 案例 10（开牌选择失误）第 5 轮

第 4 轮，门板位继续抢跑，闯出 999 带 33，此时地主已经没有三带控牌了，又不敢出炸弹，只能选择不要。

第 5 轮，门板位出 77，报单，地主用 22 管上。由于地主剩下的牌还有很多，顺跑位的 QQQQ 没有敢启动，他也猜到地主有王炸了，自己还有 22 再观察一手，毕竟单和对子自己都可以控牌了。

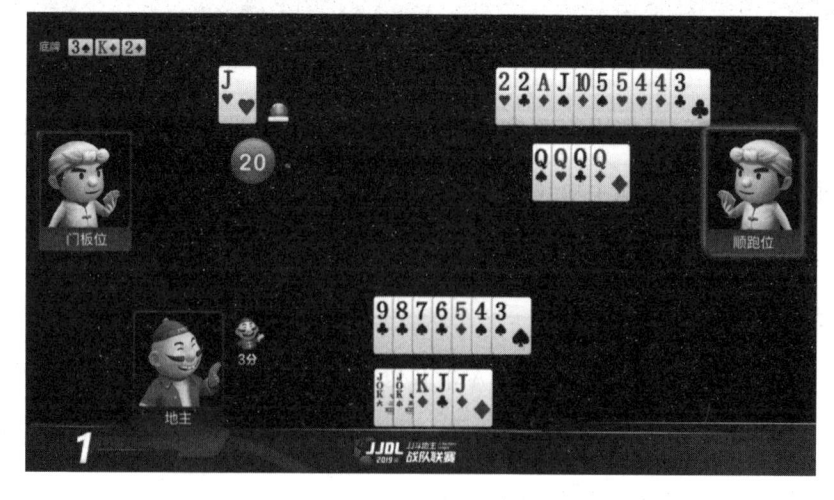

图 5-6 案例 10（开牌选择失误）第 6 轮

第 6 轮，地主出 3456789 长顺，顺跑位果断下 QQQQ 炸弹，地主也紧跟着下了王炸。

第 7 轮地主硬着头皮闯 JJ，寄希望于对 2 的分布是每个农民一张，已属无奈之举。最后顺跑位用 22 抢得牌权，用单 3 送走门板位同伴。

这局牌里双方的牌力和牌型都很不错，且行牌过程有很多决策分支，到最后地主差一手牌没有出去，地主开牌选择对子是可行的，因为自己有 22 回牌，但更应该选择给自己变化空间更大的，我们事后来看，保留 888 和 000 的话会多一次垫牌机会，且由于大家多三带牌型，34567 确实是唯一的顺子了。可见开牌是具有蝴蝶效应的。

要点小结

✓ 地主的开牌规划很重要，要尽量符合两个原则：

原则一：有后手回牌的牌型。

原则二：保留手中的变化，以应对农民制造的麻烦。

2. 地主行牌常用技巧

2.1 重视牌权牌

牌权牌可以获得领出牌权，所以我们要对牌权牌有更进一步的理解。牌权牌主要涉及大王、小王、2 和 A。

2.1.1 大王与小王的关系

在斗地主中，王是很特别的牌，在单牌中具有绝对权威，同时两个王组合形成王炸，具备管一切的能力。我们来探讨下斗地主中"王"的使用技巧。王分大小两张，下面我们分别来看看。

小王，小王的职责就是要去压 2 的。农民手中的小王，一般情况要压地主出牌的第一个单 2。一方面告知队友王炸没有成型，另一方面提高地主获得领出牌权的难度。地主要么下大王获得领出牌权，要么减少一次领出牌权。此时如果农民只看自己手里的牌不够跑，而舍不得拿出小王压地主的 2，会给队友传递错误的信息。地主手中有小王的话，要尽早出。早点出去还能获得一手牌权，晚出去一定会被大王压制。如果大小王没有在一块，小王可以理解成一个加强版的 2。

我们再来看看大王，无论是地主还是农民，

大王不要轻易压小王！

大王不要轻易压小王！

大王不要轻易压小王！

重要的事情继续说3遍。大王的职责并不是压小王，而是控制整个牌局的走向。待牌局比较明朗化了再下大王，大王一下，2就彻底解放了。比如地主手中有小王和22，有经验的地主通常会抛砖引玉先下小王，诱大王下来。大王不下，地主就会有所顾忌，单牌领域里无绝对牌权。所以，大王要争取控制地主的最后一个2或者牌局走向已经相对明朗了再下大王。重要的事情再说3遍：

大王尽量打地主最后1个2。

大王尽量打地主最后1个2。

大王尽量打地主最后1个2。

如果农民队友水平不错且没按上面的牌理出大王，那他大概率是要抢跑了，这时我们打好辅助配合就好，切勿也抢跑。

在日常工作和生活中也是同样的道理，老大不应该盯着老二管，而是应掌控全局。老大如果只盯着老二，那么格局太小，容易因小失大。

2.1.2 2与A的作用

2的作用主要有两个：控制牌权和试探王的分布。A可以试探2的分布，2与A是斗地主中残局阶段控制牌权的重要力量。

同样的东西，位置不同，价值可能有天壤之别。

单 2 和 AA 牌型。农民有此牌型时，AA 是个宝，在地主手里却是个累赘。地主握有此牌型时需要尽早将 AA 扔出去，由于外面有 3 个 2，单 A 和对 A 打出去都会受制于人。尽早引出对 2 反而更主动，越往后越会成为累赘。

22AA 牌型的。这是比较常见的牌型，我们要拆 22 还是拆 AA 呢？此时的核心思路是在获得领出牌权和保持对子控制力间做个平衡。

①如果外面已经出了一个单 2，那么就不要再拆对 A 了，此时对 A 已经有对子牌的领出牌权能力。两手单 2 也极有可能获得单牌领出牌权，此时拆 22 性价比是很高的。

②如果外面已经出了一张单 2 和一张单 A，同上，拆 22 性价比更高，因为此时 AA 已经有绝对牌权了，没有 AA 可以抢牌权了。

③如果外面已经出了两张 2，那我们保持不越级就好了。遇 A 拆 2，没有 A 顶牌的话就拆 AA。

④如果外面 2 和 A 都没有露面，那么要看自己的牌型是适合强控还是弱控垫牌，对单牌和对子哪种牌型控制需求更强烈。

案例 11. 地主试探 2 分布的经典案例

我们来看一局地主教科书式地用 A 试探 2 分布的案例（图 5-7～图 5-11）。对战双方是广东队和湖北队。地主位于右上角位置，牌力只能说一般，牌型相对还比较工整。门板位的牌力和牌型是让地主绝望的，我们看地主如何在这种情况下取胜。

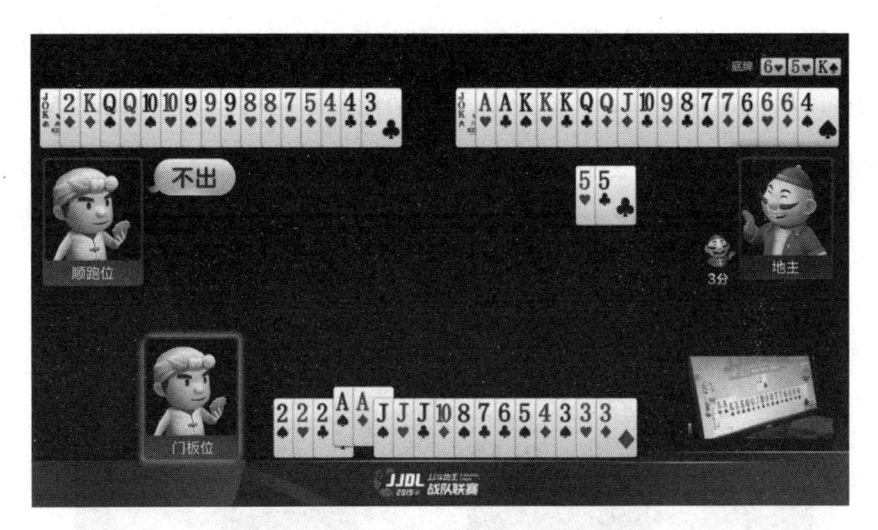

图 5-7　案例 11（试探 2 的分布）第 1 轮

第 1 轮，地主选择对 5 开牌，可能是想用 QQ 或 AA 回牌，同时保留了长顺和两手三带的变化。顺跑位直接选择不出，这是非常明确的信号，"我跑不了，兄弟看你了"。门板位直接上 AA，显示出自己牌力雄厚，也是对同伴的回应。

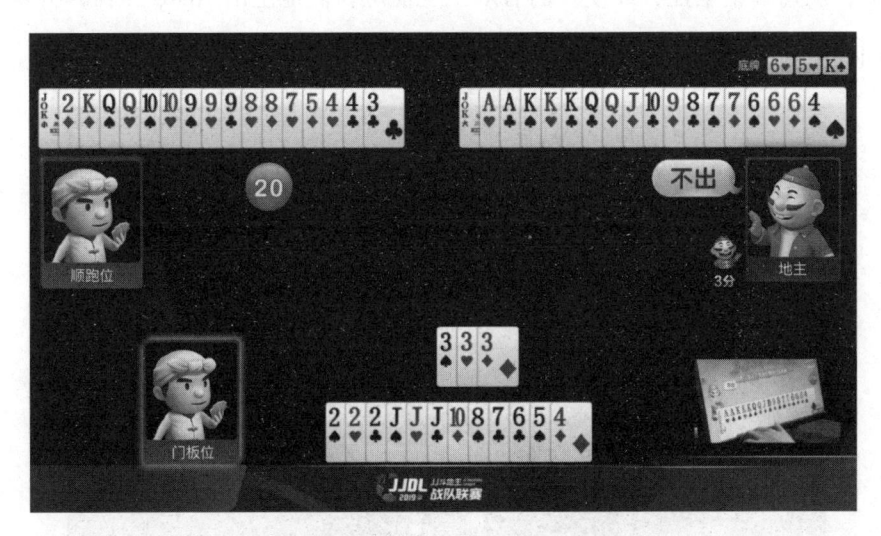

图 5-8　案例 11（试探 2 的分布）第 2 轮

第 2 轮，门板位在用 AA 取得领出牌权后，用 333 试探。他确实手牌比较整，万一真的拼三带，几轮交锋下来，可能会影响到自己最后摆尾的 5 顺。地主位也看出了猫腻，选择不出，自己如果真的拼三不带，手里单牌会过多。

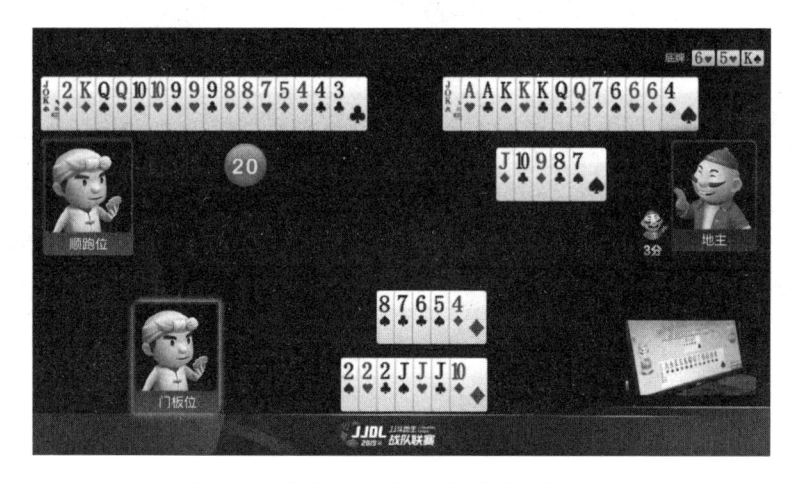

图 5-9 案例 11（试探 2 的分布）第 3 轮

第 3 轮，门板位出了 5 顺，目的是保持自己 222 可以随时启动，单、双、三带牌型全控，即使外面有双王也能应付。地主出 7890J 压住，并拿回领出牌权。

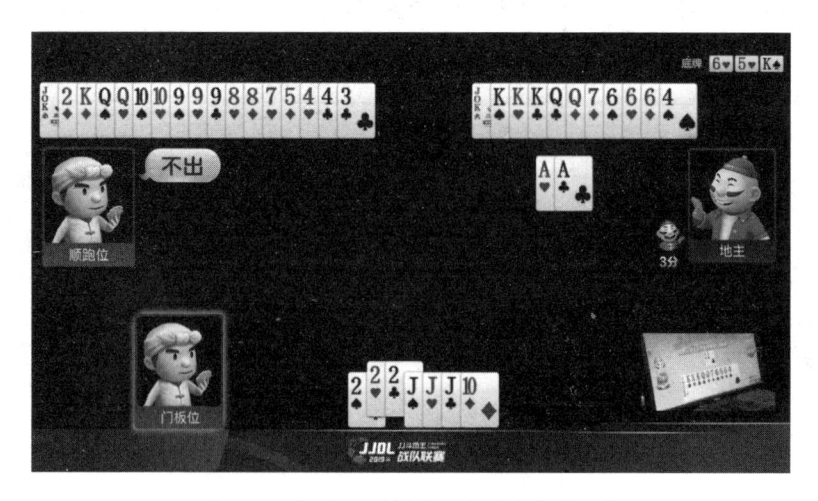

图 5-10 案例 11（试探 2 的分布）第 4 轮

第 4 轮是关键，地主打出了精彩绝伦的一手牌，用 AA 领出！门板位犹豫再三，还是拆 222，用 22 管上了地主的 AA。

分析：农民不能眼看着地主闯 AA 要逃走。虽然我们用上帝视角可以看到农民此时选择不管这手牌是更正确的选择，但是在信息不对称的情况下，基本都会管这一手。地主出 AA 的目的很明确，就是为了试探 2 的分布，从地主的视角，外面 2 的分布有几种可能：

①外面有 2222 的炸弹。

②农民每个人都有 22。

③一个人有单 2，另一个人有 222。

现在门板位用 22 管上了，说明了什么呢？第 1 种情况不存在了，进一步想第 2 种情况也不存在了，因为如果农民各有 22 的话，地主下家的顺跑位一定会先用 22 管 AA，因为他不知道同伴还会有 22。所以就是第 3 种情况，且下家有单 2，门板位有 222 拆了。

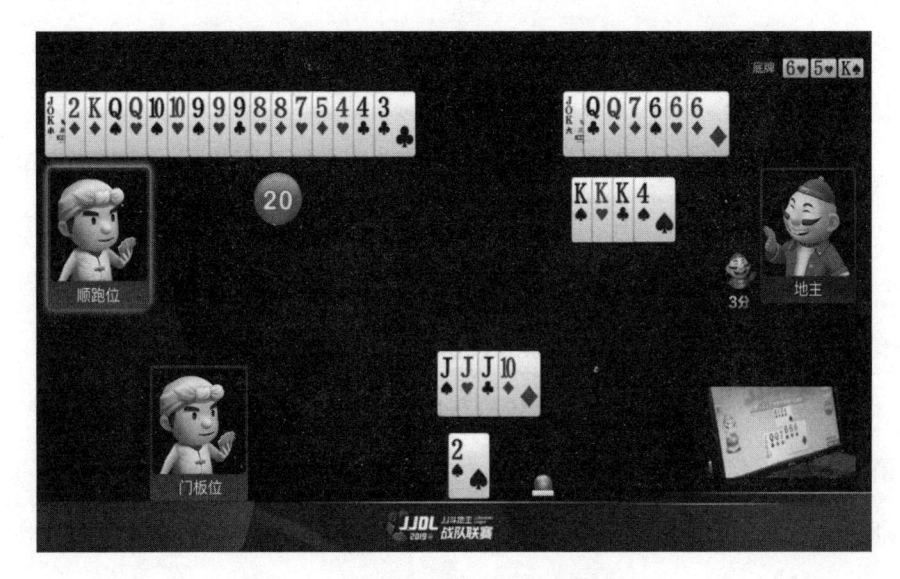

图 5-11　案例 11（试探 2 的分布）第 5 轮

第5轮，门板位用22拿到牌权后出了JJJ带0，报单2。地主用KKK4管上，此时农民已经管不上了。

第6轮，地主经过推演计算后，知道QQ已经是大牌了。自己有KKK和AA，刚刚也分析了地主下家的顺跑位应该是有一个单2，门板位是拆的222。所以QQ无人能管了。

第7轮，先闯大王，最后用666带7摆尾，地主胜。

地主能够在图5-12牌力下取得胜利，在关键回合用AA试探外面2的分布，起到了决定性作用。

图5-12 案例11（试探2的分布）地主开局牌力

2.2 重点关注主跑方

地主的牌力总是有限的，我们应该将有限的牌力聚焦到给自己制造最大麻烦的农民身上。所以要重点关注农民之间的信号传递，关注主跑方（强势方），有时候不急于抢领出牌权，通常是放上家出牌（大多数情况顺跑位是主跑方），让门板位位置农民出牌，有助于自己垫牌。

一方面，尽量不要让主跑位抢得牌权，另一方面也要提防下家顺牌。作为地主不要轻易出小单小对，有的人会说我小单小对不出怎么跑呢？习惯性地先把自己手里的小牌打出去。这是有问题的。小单小对宜留在对牌局有绝对控制权的时候再出。

比如我们是地主且有 567 要出，此时宜先出 7，如果有断张 8 或 9 的话，出 567 的效果是一样的，都可以起到试探作用。如果下家有一张 6 或 7 要顺，我们最后才出 5，下家就没有机会顺走这张小单，除非他自己消耗大牌去获得领出牌权。很有可能下家就因为这张单牌而不能跑。

案例 12. 地主打错主跑方，输两炸

这是一场 JJ 战队联赛中的对局，对局双方是山西智乐天下和陕西创世晖腾，此局比赛地主牌力还算不错，但牌力运用上有待商榷，手牌主力打在门板位上，造成最后输两炸（图 5-13 ～图 5-17）。

地主有大王 2AAKKKQQ，牌力值是可以的，但是只有 1 个 2 略显吃力，好在还有 4444 炸弹在手上，小牌有几手对子需要调整。顺跑有三带和一手 7 炸弹，门板位牌也比较整且有三带，我们以上帝视角来看，地主打成功的概率是较大的。

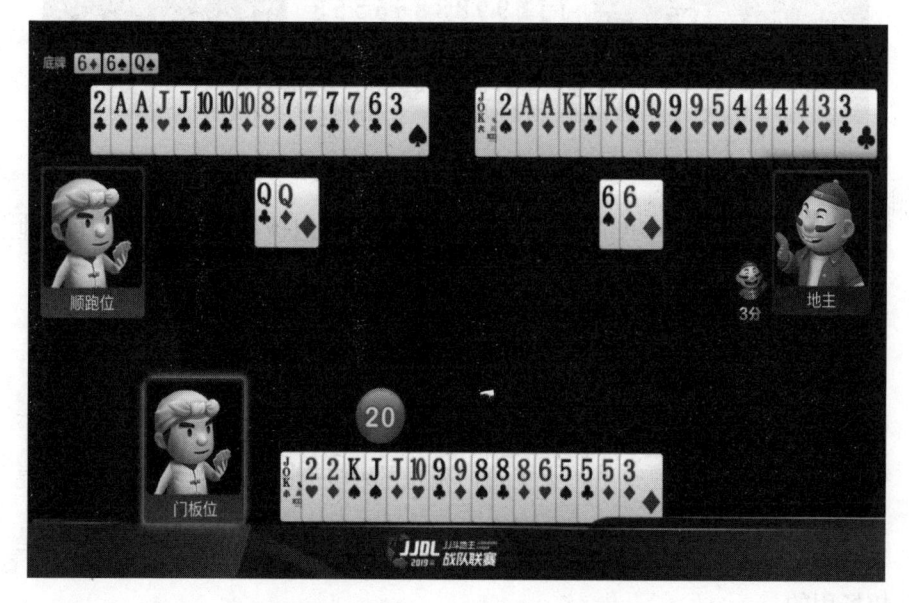

图 5-13　案例 12（打错主跑方）第 1 轮

第1轮，地主开牌选择66，顺跑位QQ接住，门板位让牌，地主AA管上，门板位用22取得领出牌权。

第1轮分析，刚开始双方你来我往拼得比较凶，22AA都已经出去了，以地主视角来看，外面还有2AA。顺跑位用QQ接牌，有抢跑意图，门板位在后手用22压住地主AA，还不好判断其意图。

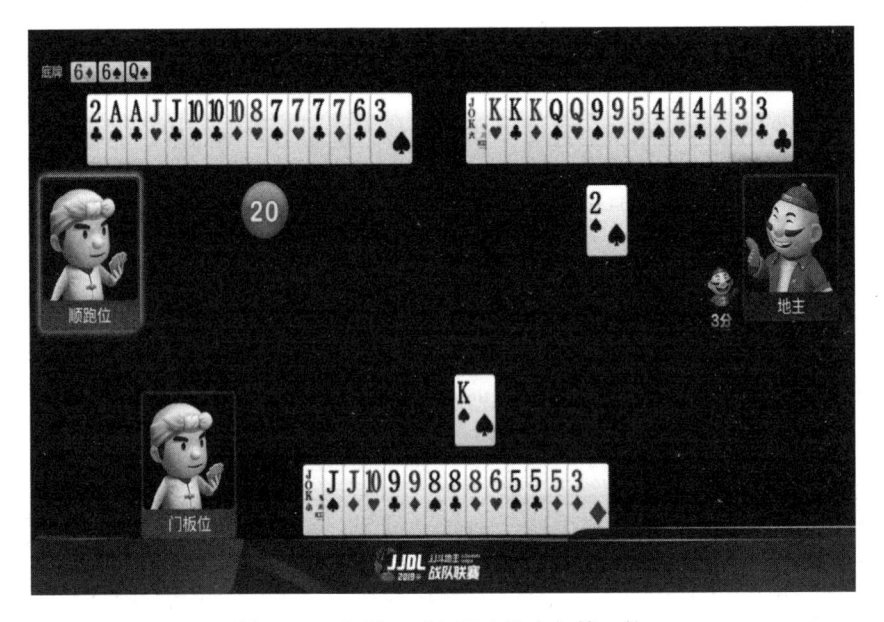

图 5-14　案例 12（打错主跑方）第 2 轮

第2轮，门板位出单K，地主上单2管住，门板位农民用小王压住地主的2，地主情急之下也下了大王取得领出牌权。

这一轮地主的单2有待商榷，门板位是在地主下了AA之后下的22，出单K也是因为地主开牌出的对子，门板位并没有想主跑，所以地主这一轮的2其实可以再观察下。大王管门板位的小王则略显急躁，咱们之前说过，小王的使命是打地主的第一张2，大王的使命是控制最后1个2，是控场用的。

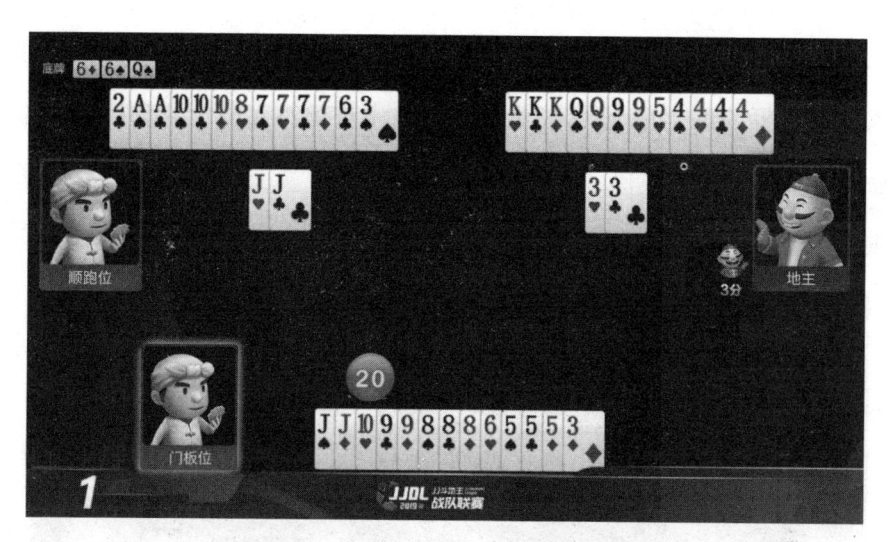

图 5-15 案例 12（打错主跑方）第 3 轮

第 3 轮，地主领出 33，顺跑位垫 JJ，门板位让牌，地主用 QQ 管上，顺跑位再次用 AA 抢得领出牌权。通过 3 轮行牌，顺跑位的主跑意向更加明显，在地主下家出了三手对子，分别是 JJ、QQ、AA，门板位 2 次让牌。所以主跑方是顺跑位。

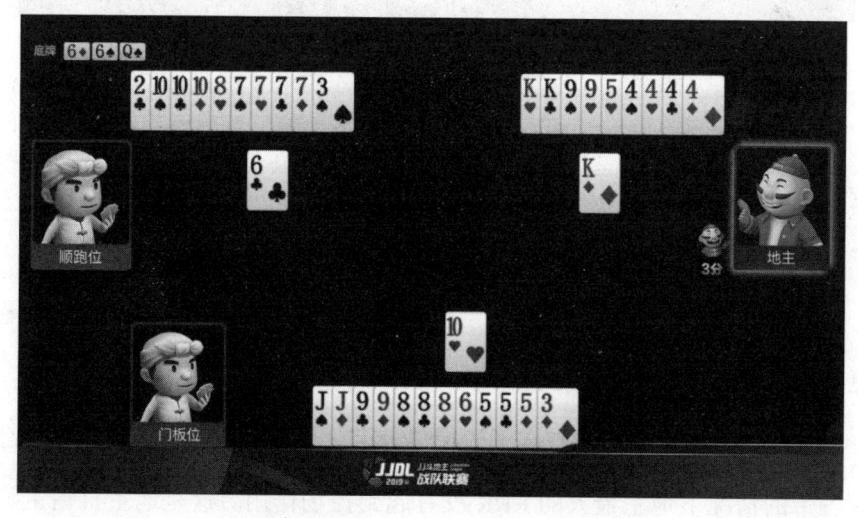

图 5-16 案例 12（打错主跑方）第 4 轮

第4轮，顺跑位开始调整单牌，出了张6，门板位用10扛，刚刚大牌拼得挺凶的，单10已经不小了。地主被迫拆K管上，顺跑位用最后1张2收获领出牌权。此时地主只能干看着。顺跑位的这轮牌权至关重要。

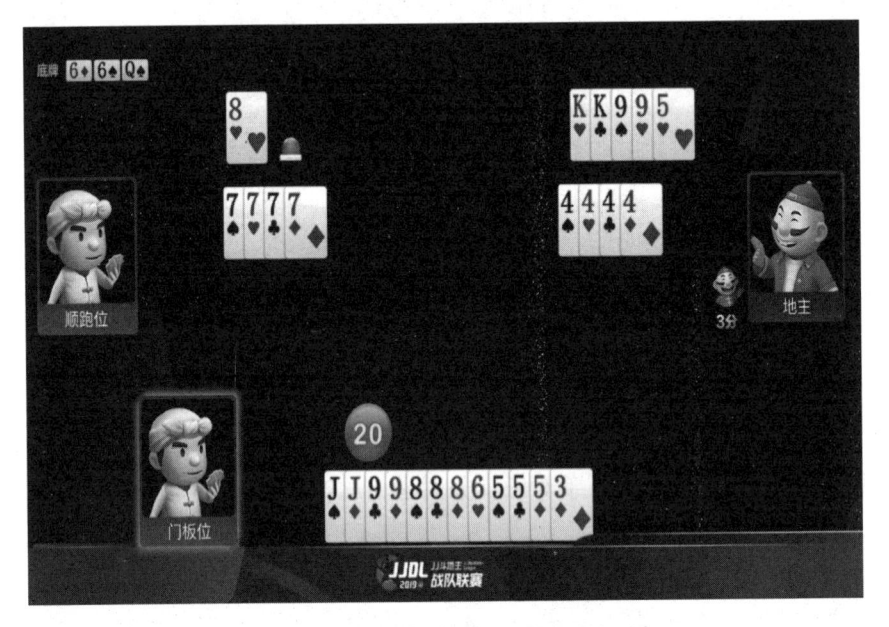

图5-17 案例12（打错主跑方）第5轮

第5轮，顺跑位继续闯000带3，剩5张手牌。此时农民已经没有对应牌型管了，自己的KKK已经被迫拆开，此时7和8都是一张未见。地主展开最后一搏用4444炸弹，猜测外面的牌型是777或888。

顺跑位之前拼得那么凶牌力当然不弱，且先出了000带3，怎么会剩更小的三带呢，毫无悬念地被7777炸弹回炸，农民获得最后的胜利。

地主的那一手大王错打在了门板位身上，到最后被迫拆K。在农民都有三带的情况下地主最大的KKK没有起到控场作用。这是地主打错主跑方之后引起的蝴蝶效应。

2.3 投石问路

投石问路，是指夜间潜入某地时，先投以石子看看有无反应，借以探测情况。斗地主是不完全信息下的博弈，所以我们要尽可能地试探出关键牌张分布。

2.3.1 试探王的分布

无论是地主还是农民都应该尽快摸清王的分布，特别是地主。我们希望控制牌局的发展方向，就一定要尽快了解王的分布，通常用牌张2来达到此目的。以地主没有王的情况举例，分为5种情况：

①如果我们的2没有农民管的话，那么99%的概率两个王在一家。

②如果顺跑位用大王压的2，那么很有可能小王也在顺跑位。一般来说大王不会轻易下的，他有可能是在用这种方式告诉同伴，小王也在我手里。还有可能是他在非常急迫地想出牌逃跑。

③如果顺跑位用小王压的2，那么80%的概率门板位有大王。还有20%的概率顺跑位不按套路出牌，故意藏着大王。

④如果门板位用小王压的2，那么很有可能大王在顺跑位。

⑤如果门板位用大王压的2，那99%的概率门板位还有小王。如果双王不在一家的话，会玩的地主下家的小王基本都会压地主的2。

拆双王的时候一般都会先出大王，以告知同伴信息。大王不会轻易下的，是控制整个牌局的，先出的情况下，要么是要抢跑，要么是手里

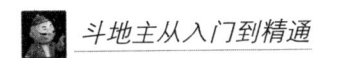

还有小王可以控牌局。当然也有特殊情况，故意不按套路出牌，来迷惑对手。

2.3.2 试探2的分布

2是非常关键的牌权牌，我们通常会用K或A来试探，往往A的效果更直接一些。用K的话，如果对手有AA或AAA，就会越级用2来管牌。

农民试探地主手牌中2的分布。地主基本上都是有2的，而且可能是多张，农民往往会用A来试探，如果地主不管单A，那么非常大的概率是有对2或多2。如果地主直接用王来管A了，那么说明地主有非常大的概率是222甚至2222。

地主试探农民2的分布。地主是想控制牌局的，外面2的存在会给地主带来威胁，特别是中后期，一两手领出牌权会影响整个牌局走向。

①我们手握单2的时候，要看清楚谁有1个2，谁有22，如果外面有222的话，那么也一定会拆开压地主的A。

②我们手握22，要看外面的22是否在一家，如果22在一家可能会利用先后手在对子关键牌权的时候顶我们一手。如果22是分开的，那么我们的22就有对子领域的绝对控制力了。

③我们手握222，那么把另外的2诱引下来后，就比较方便掌控接下来的局面了。

2.3.3 试探断张

当我们手中有345的时候，但没有6，外面就有6666炸弹的可能性。此时我们宜先出5，既可试探断张6的分布，又不影响手中小牌的出牌，还能防止对手垫出去 4 或 5，小的细节累加起来就会对结果有较大影响，甚至有时可能就差在这一张牌上。所以试探单张牌的时候不宜给下家垫小牌的机会。

试探断张不一定只有单牌，比如我们手中有 88 没有 9，出对 8 也可以起到试探 9 分布的目的。

2.4 出牌顺序

斗地主是在动态博弈，顺序会影响整个博弈过程。有哪些因素会影响出牌的顺序呢？

①同级有先后手，在案例 7 中的第 2 轮（图 5-18），顺跑位农民用 AA 直接顶住了 99，我们换到地主位思考，假如先出 AA，再出 222 带 4，最后出 99，是不是就不会被 AA 顶住了呢？我们这是以上帝视角在回顾，目的是让大家感受一下同级的先后手顺序会影响牌局结果。

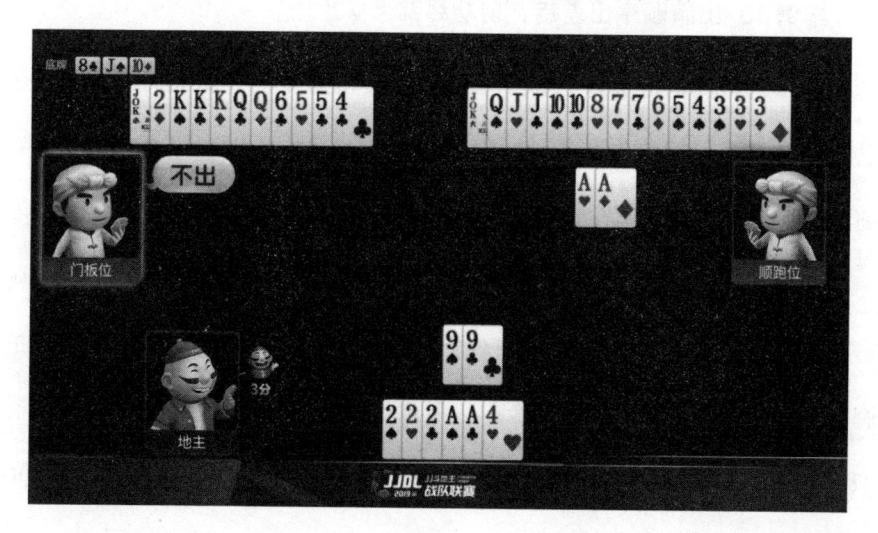

图 5-18　回顾案例 7 中的出牌顺序

②自己手中的回牌，跟开牌技巧中提到的手牌规划是一样的，中局我们也应尽量保持和创造牌局的控制力。"保持"是指现状下的控制力，"创造"是接下来的控制力。这里有一个小技巧：小王领队的时候出单，大王领队可出对子。小王可在出单时回牌并诱引大王；大王具有单牌绝对权威，所以在前期可出对子，等待农民以后出单时把领出牌权交回来。

③先调整后启动，自己有领出牌权的时候优先调整单牌。尽量调整到位再启动。在多种牌型都没有控制力的弱牌力的时候，比如顺子和三带不大，单牌也需要调整时，建议先调整单牌，后续再打顺子、三带等多牌张牌型。因为其他玩家不会让地主轻松过单牌，尽量先调整到位，多张牌型是有可能顺垫出去的。在后面的地主弱牌力控牌案例中我们可以感受一下。

案例 13. 出牌顺序出差错，前功尽弃

下面这局牌也是来自 JJ 战队联赛，比赛双方是河北队和河南队，农民已经创造出了很好的先跑条件，但最后出牌顺序方面出了一点差错，最终前功尽弃（图 5-19～图 5-24）。

在开局手牌中，地主有王炸，没有 2，有 AAQQJJ，其实地主这种牌是比较容易被农民控制的，这些对子看起来比较大，但农民必有能管上的牌，好在下面的小牌还相对整齐。顺跑位牌力较强，且牌型比较整，有 222、KK 和一个长顺。门板位牌力和牌型都算中规中矩，有 2、AAKKQQ 和 000。

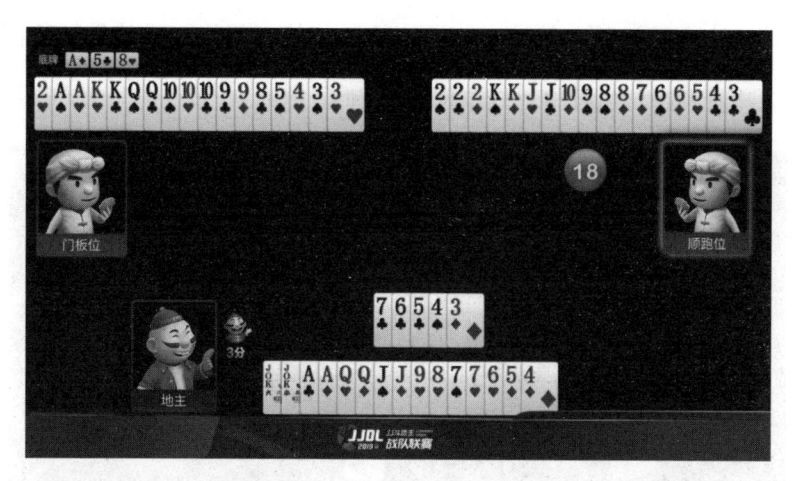

图 5-19　案例 13（出牌顺序出差错）第 1 轮

第 1 轮，地主开牌选择 34567，自己手里有 777，出一手试探一下也还不错，毕竟自己手里没有 0，此时的 34567 可以去找一下断张 0，且如果有大顺子管上的话，对自己手里的 AA、QQ、JJ 是利好。结果顺跑位没有拆牌管，地主继续领出。

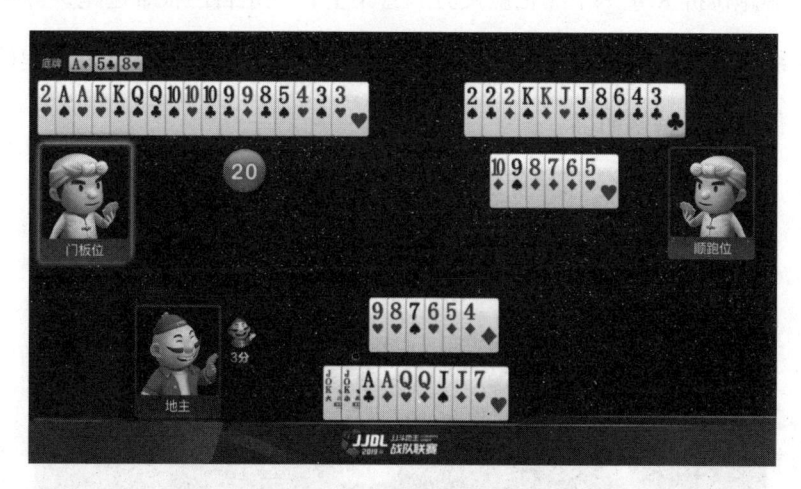

图 5-20　案例 13（出牌顺序出差错）第 2 轮

第 2 轮，地主看顺子没人要，继续出 456789 顺子，地主已经出了两手顺子了，顺跑位被逼无奈，拆牌管上。此时暴露了一个什么信号呢？顺跑位第一个5顺没管，第二个6顺才管，其他人都能知道其是被迫拆牌，也就意味着顺跑位后续将比较难作为主跑了。

图 5-21 案例 13（出牌顺序出差错）第 3 轮

第 3 轮，顺跑位调整小牌单 4，门板位用单 8 扛一下，地主拆 Q 管上，顺跑位拆 K 垫一下（怕队友万一管不上，反正自己很难逃跑，拆 K 只压 1 级）。门板位用 2 管上，获得领出牌权。此时门板位有点要主跑的意思，但还不是特别明确。

图 5-22 案例 13（出牌顺序出差错）第 4 轮

第 4 轮，门板位单牌已经基本调整到位，开始出 99，地主用 JJ 管上，顺跑位选择让牌，门板位用 QQ 压死，地主继续用 AA 管上，顺跑位拆 222 压死获得领出牌权。此时的角色分工已经非常明确了，门板位在主跑，顺跑位在打辅助。此时地主已经只剩下 4 张手牌，且大概率是有王炸的，毕竟已经露头的 3 张 2 都不在地主手中。

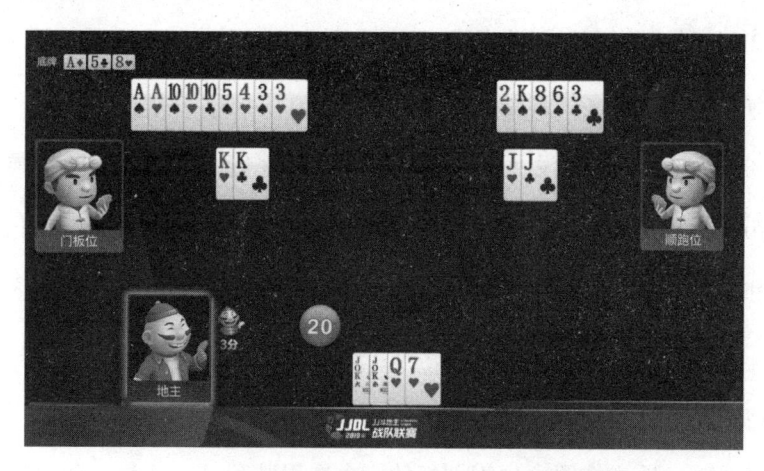

图 5-23　案例 13（出牌顺序出差错）第 5 轮

第 5 轮，顺跑位将辅助进行到底，打 JJ 给队友送牌，门板位用 KK 接住，地主没有能管上的牌了，门板位继续领出。

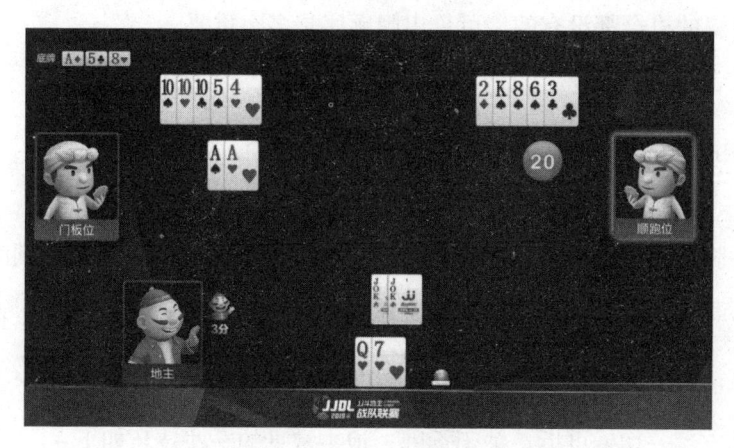

图 5-24　案例 13（出牌顺序出差错）第 7 轮

第 6 轮，门板位出最小的对子 33，地主还是不要，基本已经可以判断出地主剩王炸和两张单牌了。

第 7 轮是最关键的一个回合。顺跑位选择了出 AA。此时身经百战的地主抓住了这一丝生机，根据他的记牌和算牌，可以综合得出以下信息：

①自己下家拆牌管顺子大概率跑不了，门板位在抢跑。

②门板位的对子已经在抢领出牌权的时候打了对 A，说明其手中已经没有对子了，是个多张牌型，且马上要跑。

③外面的 0 一直没见到，除了下家拆牌管自己顺子的时候出过 567890，所以门板位剩 5 张牌，大概率是 000 带两张单，且门板位出过单 2 和 KK，所以自己的 Q 是可以逮住两张小单的。顺跑位已经送不出三带了。

地主经过以上分析后，果断出炸。

第 8 轮，地主按照事先规划好的剧本取得胜利。

农民间整局配合得都非常好，并已牢牢地占据了主动权，只是在最后启动摆尾的时候出牌顺序搞错了，如果先出 000 带 4，留下 AA 和 5，地主是一点赢的机会都没有的。可见出牌顺序是多么重要。

2.5 拆牌打法

拆牌是斗地主中常用的技巧，农民和地主都会用到，前文提到的手牌结构化是其理论基础，拆牌必定伴随着手牌重构。这里有个原则，在牌局未结束前，不要给手牌任何枷锁，任何牌都是可以拆的。特别是农民，作为配合方，一切皆可拆。关于拆牌，地主常见的一些技巧如下：

①如果已经明显被农民看穿自己无单牌了，就需要果断拆对子，避免事情严重性扩大。地主如果被农民堵着"对子"出不去还好，农民不太可能满手都是对子。如果是被农民用单牌堵着，有经验的农民会拆对子继续打单一直堵下去。

②破坏性出牌逼迫对手拆牌。我们的第一手牌，农民都会尽量拆牌去管，避免被打"春天"。通常情况地主都会先调整单牌，再用长顺摆尾，一旦农民看到地主用长顺或连对开牌，就会吓一跳，"砸锅卖铁"也要拆牌管，这样就增加了农民后续逃跑的难度。

③地主在保顺子牌型时，以不多余两张单牌为原则，如果一个5顺多出来3张单牌，就要好好琢磨下性价比了，不如规划成多个对子的牌型。

④当我们作为地主，有较多单牌需要处理且牌力不足的情况下，要在前期果断拆对2或者拆王炸。在打岛屿赛牌局不可控的时候，果断拆王炸求稳求胜。在锦标赛或团体赛的时候，王炸可以适当保留变化。目标不同会导致打法策略有差异。

⑤地主手里大的连对如QQKKAA是可以拆的，特别是手里有一些小对子需要调整的时候，如果农民出过一手顶天顺，那就更完美了，QQKKAA可以抢得两三轮牌权。作为农民时，如果发现地主的软肋是对子，我们可以与同伴打配合，拆连对给队友"送牌"，地主会很难受。

案例14. 地主牌力不足，拆牌取得胜利

这局牌，地主牌权牌只有一张小王和单2，有大对子和大三带的控制力，小单牌较多，有36789，是一副很难打的牌，需要照顾的单张太多（图5-25～图5-30）。我们看看地主在上行牌力不足，底下又有很多小单的情况下，是如何拆牌取胜的。

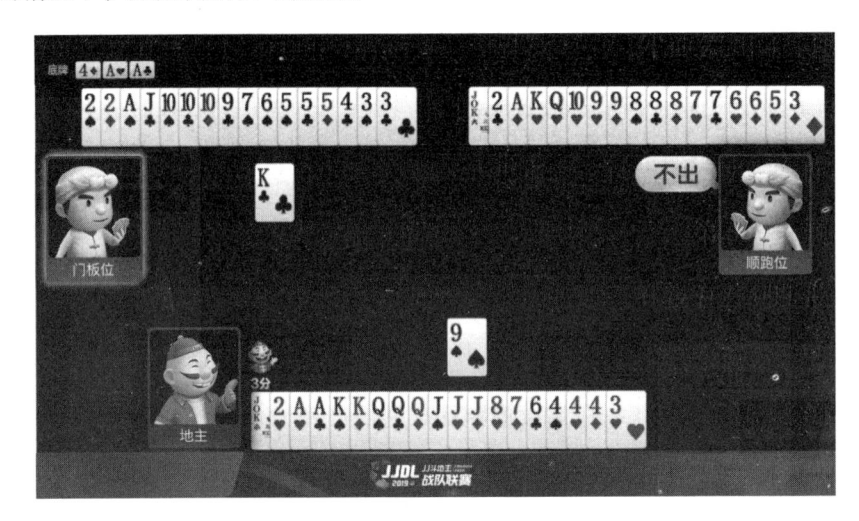

图 5-25　案例 14（拆牌取胜）第 1 轮

第 1 轮，地主用单 9 开牌，是要试探断张 0 的分布，顺跑位农民觉得自己很难做主跑，便让牌给门板位，门板位农民用单 K 顶住。此时地主已经做好规划果断拆 AA，用单 A 压住单 K，顺跑位用单 2 压死并获得领出牌权。

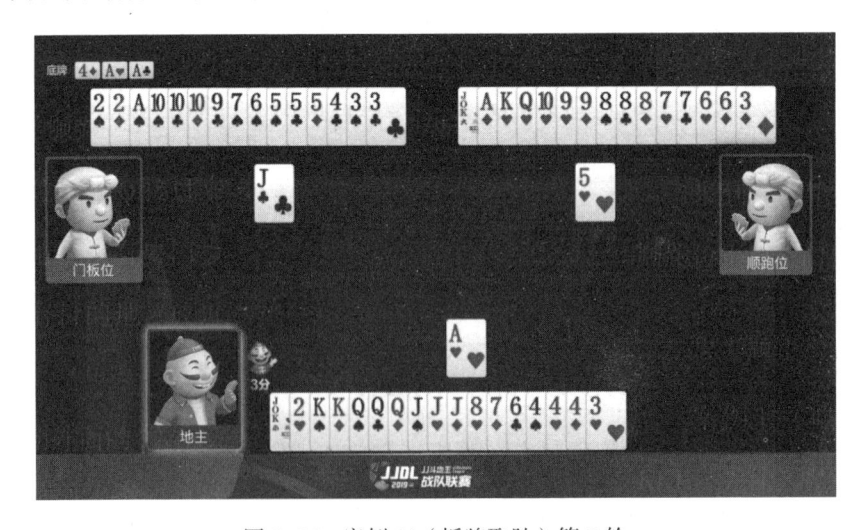

图 5-26　案例 14（拆牌取胜）第 2 轮

第 2 轮，顺跑位在抢得领出牌权后出了一张单 5，门板位用单 J 顶住，地主用第2个单A压死，顺跑位没有2了选择不要，门板位拆2管住。地主下小王诱敌深入，顺跑位的大王没有经住诱惑，打了小王并获得领出牌权。

行牌至此，地主可以得到很多信息：

①门板位是主跑方。

②顺跑位在第1轮获得领出牌权后选择出单5，其实就蕴含了外面的大王在其手里，第二轮把大王逼了下来，对自己非常有利。

③顺跑位下的第一个单2，门板位下的第二个单2。如果顺跑位拆对2的话，第二个2轮不到门板位出，所以门板位手里还有一张单2。

④大小王全下来了，自己的单2做大，KK还不确定，外面还有两个AA未见，有可能成对子，也有可能是人手一张单A。外面还有一张单K和单Q。

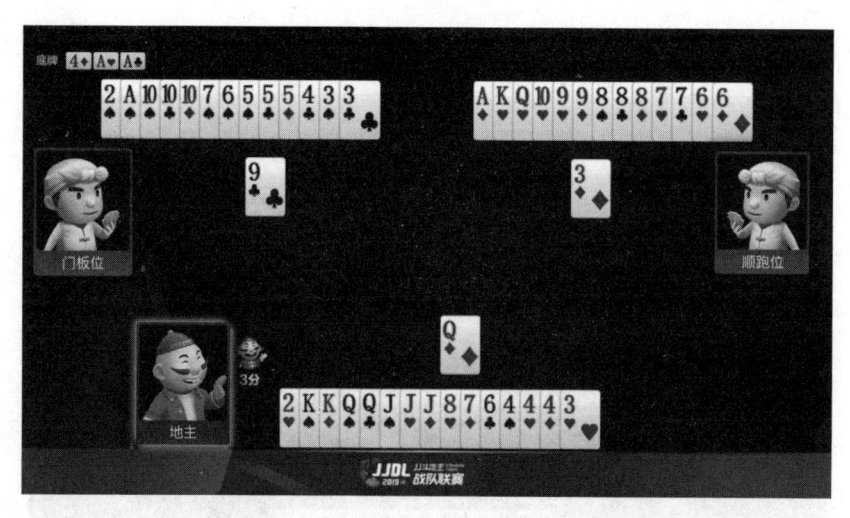

图5-27　案例14（拆牌取胜）第3轮

第3轮，又是几个回合的单牌交锋。顺跑位出单3调整，门板位用单9顶，地主拆QQQ来管。此时地主已经做好了打持久战的准备，毕竟自己手里现在还有 4 张单牌。顺跑位用单 K 压死并获得领出牌权。

图 5-28　案例 14（拆牌取胜）第 4 轮

来到第 4 轮，顺跑位领出单 Q，地主拆 KK 管上，顺跑位用 A 管上。此时地主乐开了花，外面只剩单 2 和单 A 可以威胁到自己，且还有断张 0 未出现，对子和三带自己已经全控了。此时地主选择不要，毕竟根据刚才的信息门板位在主跑。

图 5-29　案例 14（拆牌取胜）第 5 轮

第 5 轮，顺跑位领出单 0，为什么继续打单呢？因为已经明显看出地主在拆牌管，所以不敢轻易启动对子和三带。门板位用 A 顶住，地主毫无悬念用 2 获得领出牌权，自己还有至少 3 张小牌需要调整。

此时地主已经释然，因为断张 0 出现了。外面除了一张 2 外，0 以上的牌全在自己手里，只要农民一手牌跑不了，就会落入自己的节奏。

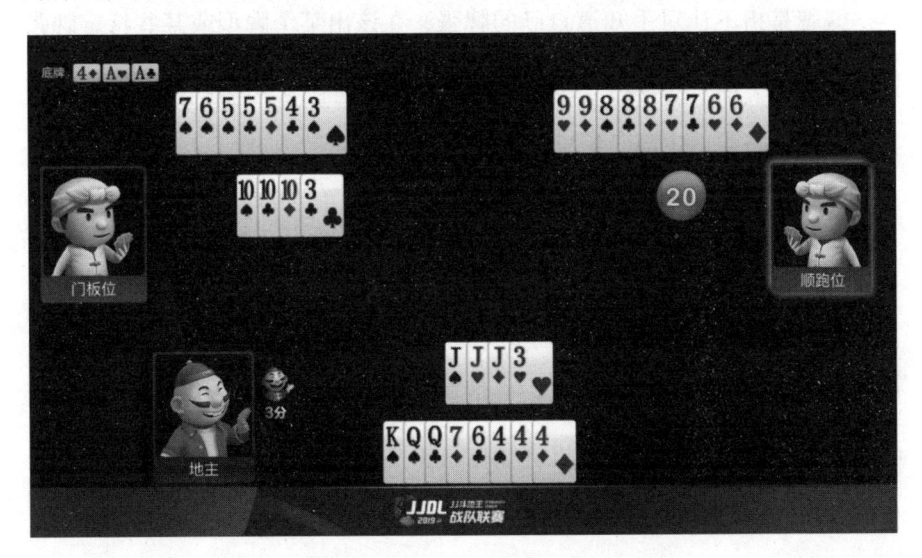

图 5-30　案例 14（拆牌取胜）第 7 轮

第 6 轮，地主领出 8，不让农民过小牌，目的就是打单把外面的 2 引下来。顺跑位已经调整到位，选择让牌，门板位农民用 2 获得领出牌权。我们用上帝视角来看，农民已经没有赢的可能性了。

第 7 轮，门板位农民用 000 带 3 闯，计划用 34567 加 55 摆尾，此时已经完全落入地主控场节奏，地主用 JJJ 带 3 管上。

第 8 轮，地主出单 7，然后用单 K 回牌。

最后第 9 轮，地主先出 QQ，再用 444 带 6 摆尾，取得胜利。

这局牌地主在牌权牌控制力不足的情况下，果断拆牌、精准计算、打主跑农民、放配合农民，把有限的火力发挥到极致，通过隐忍到最后完全进入自己的掌握节奏，将拆牌后控的技巧发挥得淋漓尽致。

2.6 藏牌技巧

藏牌是指不让对手知道自己的牌张，在该出某个牌型或某些特定牌张的时候故意不出，造成一些假象来迷惑对手，让对手出现判断错误。藏牌技巧的基础是斗地主博弈信息的不对称。

地主藏牌通常有3个技巧：

①越级出牌，给农民造成假象，让其错误地计算自己的手牌。

②一般连对、长顺、飞机是默认的比较难管的牌，这些牌型地主可以放在后面出，主要原因有两点：一是自己手中的牌越多，其他玩家收集到的信息就越少，这样就更有机会垫自己想要垫的牌；二是保留牌局后续变化的可能性，增强自己对不同牌型的控制力。

③地主尽量不要留底牌（叫地主后补上来的那3张牌），要不然农民会根据底牌判断地主的手牌。

农民有个重要的藏牌技巧，就是藏断张。有时候外面有断张未见，地主就不敢轻易启动。农民通过调整出牌顺序藏起关键断张，有机会在地主启动前偷跑。

案例 15. 瞒天过海，农民隐藏断张偷跑

这是一局信息量很大的高手对局。对战双方来自陕西创世晖腾和湖北扑克运动协会。地主位于右上角方位，我们可以看到地主的牌力很强，有小王 22AAKKK，还有一个 8888 炸弹，拥有很强的控制力，从农民手里额外抢回来 3~4 手领出牌权犹如探囊取物（图 5-31～图 5-37）。

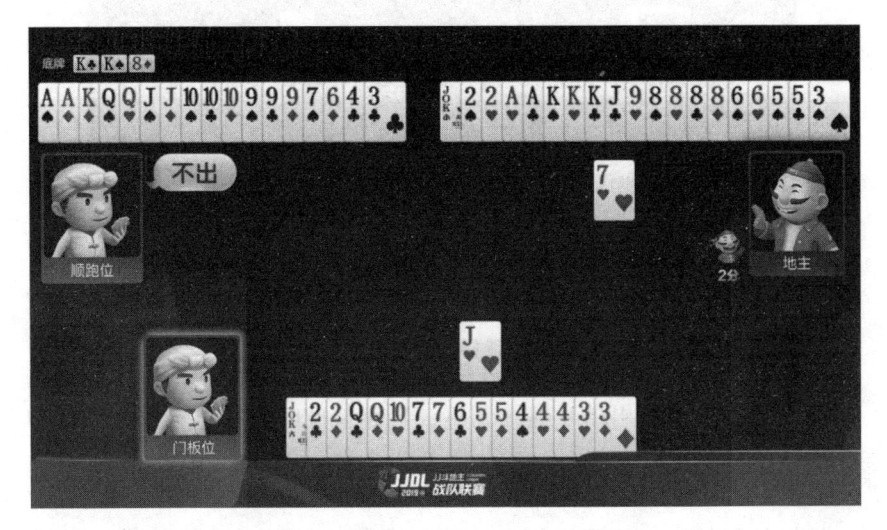

图 5-31 案例 15（瞒天过海）第 1 轮

第 1 轮，地主用单 7 开牌，顺跑位选择不要。这是在告诉同伴"我可能当不了主跑方，你能跑的话你先走"。门板位用单 J 扛起来，确实也没有更合适的单牌了。

第 1 轮继续，地主选择了不要门板位的单 J，这样顺跑位有点诧异，"地主是在等机会顺牌么，地主不喜欢单牌？"顺跑位用单 Q 接过来试探。门板位不要同伴的 Q，地主上单 A。大家注意，地主没有要门板位的单 J，却用单 A 管上了顺跑位的单 Q，说明地主在有目的地"放近打远"。

此时农民都没有要地主的 A，A 居然拿回了牌权，说明外面的 22 在一家。第 1 轮牌打完，站在地主视角，只有"4"和"0"这两张牌是没见过的了。

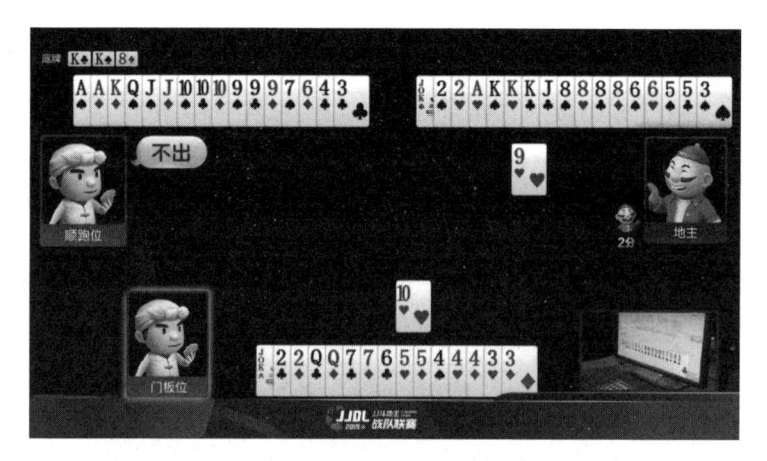

图 5-32 案例 15（瞒天过海）第 2 轮

第 2 轮，地主领出单 9 继续调整，顺跑位此时选择过，门板位用单 0 来扛，基本已经确认了门板位的主跑身份。

第 2 轮继续，地主用 J 管上，顺跑位继续不要，门板位拆 QQ 来管，看出来要打单牌持久战了，毕竟门板位手里有大王。

第 2 轮出牌继续，地主用单 A 管上门板位的 Q，此时已经能看出地主在拆 AA 来管单牌了，门板位农民不能再让地主的单 A 获得牌权，果断拆 2 管上。

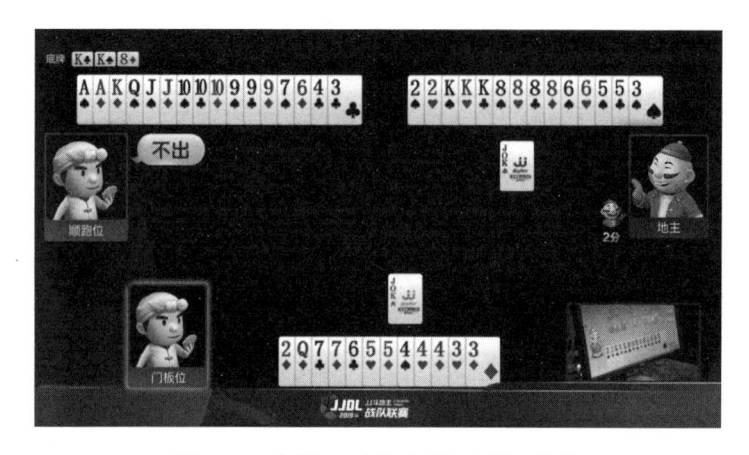

图 5-33 案例 15（瞒天过海）第 2 轮续

第 2 轮出牌还在继续，地主用"小王"管上门板位的单 2，门板位用大王管回来。此时地主的"小王"价值已经发挥到了最大，消耗掉了农民的一个 2 和一个"大王"，且出牌方是自己上家。第 2 轮进行了比较激烈的单牌牌权争夺。

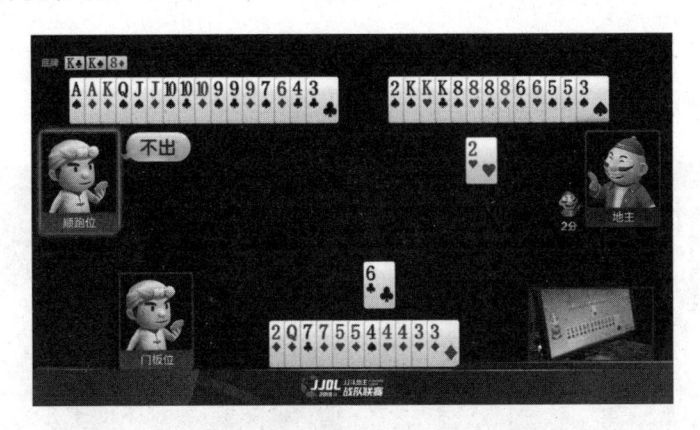

图 5-34　案例 15（瞒天过海）第 3 轮

来到第 3 轮，门板位农民思考良久，选择了出单 6，因为他想用单 2 回牌，且从前面的行牌来看，地主是不太喜欢单牌的，要给地主制造点麻烦。这么明显的意图，地主当然也看出来了，果断拆 22，用单 2 直接封死抢回领出牌权。

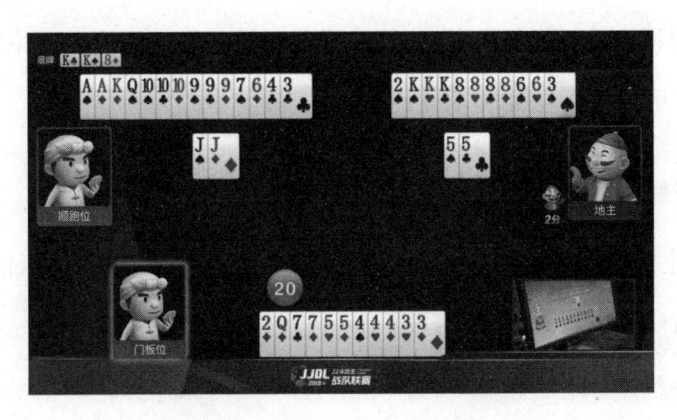

图 5-35　案例 15（瞒天过海）第 4 轮

第 4 轮，地主选择出 55，此时 2 和 KKK 都已经是明大，只要外面露出 4，地主就可以启动 8888 炸弹，手牌结构化已经足够直赢（2+KKK66+3）。此时沉默已久的顺跑位用 JJ 管上。他的意图也很明确，同伴已经明显在拆 22，等单 2 回牌，要把牌权抢回来，再给同伴送牌。

第 5 轮，顺跑位按计划出单 7，门板位用 2 封死，都是合情合理的。在没有看到断张"4"的情况下，地主选择了隐忍。

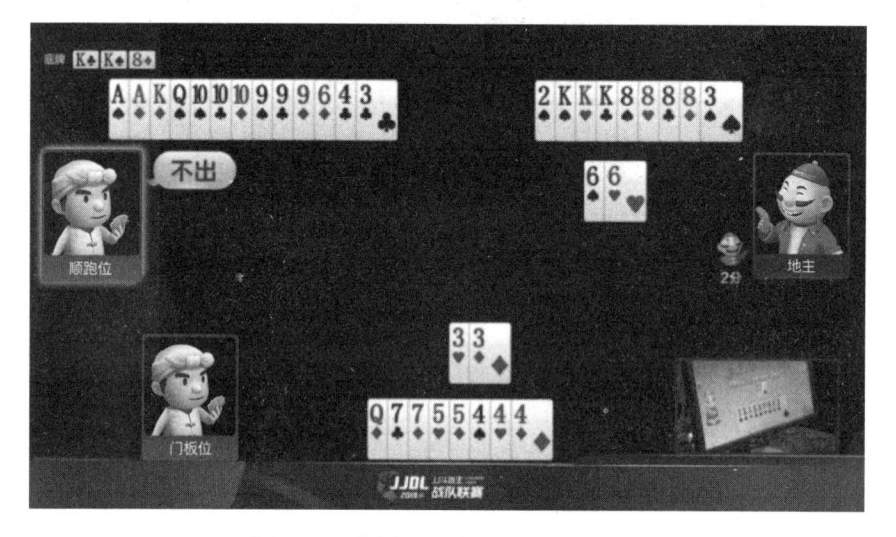

图 5-36　案例 15（瞒天过海）第 6 轮

来到第 6 轮，门板位领出 33，已经有了逃跑的意图。地主顺垫 66，顺跑位不出，门板位用 77 管上。

思考题 1：

案例 15（瞒天过海）第 6 轮中，地主知道外面有 AA，所以不敢拆 KKK。为什么呢？

参考答案：地主拆 KKK 拿不到牌权且会多一张单牌，此时对手们如果一直打对子，就会把地主打穿。

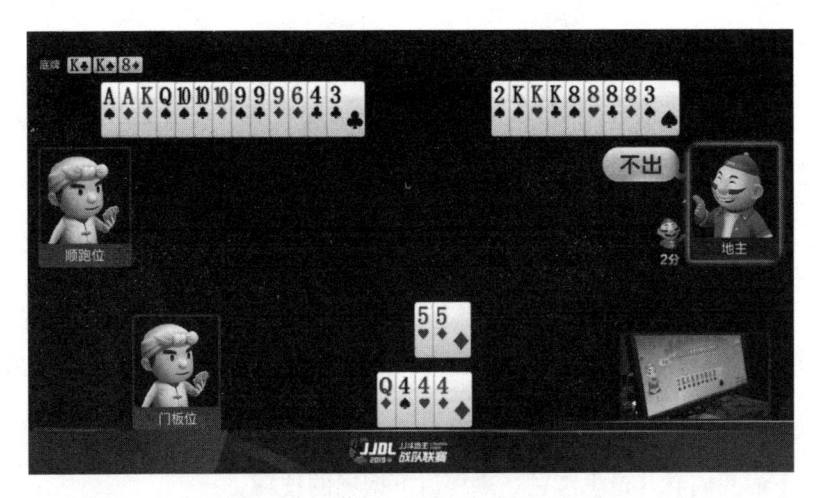

图 5-37　案例 15（瞒天过海）第 7 轮

第 7 轮出牌是关键，门板位的农民在只剩 Q55444 的时候打出了妙手 55。此时从两方面迷惑了地主：

①地主以为他还剩两个对子，想等最后一手再决定是否启动炸弹。

②隐藏了断张 4，让地主误以为外面有 4444 炸弹。

地主被骗了，而且选择了秒过，最终农民获得了胜利。相信很多人在这种情况下会先打出 444 带 55，剩单 Q。如果真的这样打了，地主会果断启动炸弹直赢。门板位农民的这种打法的前提是对手也是会记牌算牌的高手，他预判了地主的预判，并故意将 444 藏起来最后出，成功偷跑。

2.7　摆尾技巧

摆尾指的是准备启动逃跑，规划最后的出牌顺序。摆尾有多种技巧：

按角色来分，有地主摆尾和农民摆尾。地主摆尾要充分做好后续规划，毕竟地主没有同伴帮忙。农民摆尾是有同伴帮忙的，有时候即使自己不能成功逃跑，也可以给地主造成很大威胁，特别是主跑方农民是门板位的时候，同伴就在自己上家，摆尾可以更激进一些。

根据是否拥有领出牌权，可以分为主动摆尾和被动摆尾。主动摆尾是已经具备完全控场能力了，只要手牌结构化得当、出牌顺序合理就可以直赢了。被动摆尾是指还缺一手牌权，不足够完全控场。

如果外面有存在炸弹的可能性，我们还要考虑防炸摆尾。还记得上一节门板位的农民在只剩 Q55444 的时候打出了妙手 55 么，其实就是非常精彩的农民藏牌摆尾案例。

下面我们看几道思考题，来探讨下摆尾的技巧。

思考题 2：

地主的手牌为大王 AAKQJ000987654，已知外面无炸弹，此时要如何摆尾？

参考答案：先出一张单 A，再用大王抢得领出牌权，然后出 AKQJ0987654 长顺，最后出 00。这个案例是典型的主动摆尾，因为手里有大王这张绝对牌权的单牌，出单回单，再顶天长顺，可以始终把领出牌权控制在自己手里。

思考题 3：

作为门板位农民，手牌还剩 228，此时要如何摆尾呢？

参考答案：先出大牌对 2，给地主造成压力。如果地主不要，则直接逃跑，如果地主要的话，会逼迫地主下炸弹或王炸。

思考题 4：

作为地主，手牌中剩小王 29，外面有大王，此时农民出了一张单 8，地主应如何应对？

参考答案：先出2来应对，农民会有两种选择。

①大王管上，此时小王具有单牌的绝对控制权，以后再出单牌，地主可上小王直赢。

②大王不管，地主再出9，最后小王报单，此时只有大王可以拦截，只要农民出单牌，地主也是必胜。

如果出9垫上，则农民很可能会用单2封住，逼迫我们下小王，此时我们只剩下一张2，还记得牌权牌有先后手的特点吗？如果门板位有2是可以拦截的，门板拦截后使用之前讲过的桥联战术，农民之间用对子建立桥梁，顺跑位可以打出多个单张。

思考题5：

我们作为地主，手牌剩2222+88+J，外面可以肯定有王炸，此时农民出了QQQJJ，我们该如何应对呢？

参考答案：我们可以把炸弹拆开，出22288。外面的火箭大概率会炸，同时会误以为我们剩的两张牌是一个对子，且手里不再有2，如果农民真的这样想就会继续打单，正中下怀。火箭如果不炸，我们出个J，报单2也是不错的。这个思考题对我们有两点启发：

①当自己手牌中有炸的时候，优先保证能赢，赢牌可炸可不炸，输牌不要输炸。又炸又输的情况是非常可惜的。

②不要事先把牌型在自己的脑海中固定（比如炸弹、飞机、双顺等），可根据牌面局势灵活组合变动。

再来思考下防炸及诱炸的摆尾技巧。

思考题6：

我们作为地主，手牌还剩22加一个单，外面已经没有王了，且知道外面大概率有炸弹，此时如何摆尾？

参考答案：可先出2，让对手误以为我们还剩一个对子，最好能引出炸弹，再通过单2伺机获得牌权逃跑。这样可以博取收益最大化。

思考题7：

遇到下面这种情况（图5-38），我们该如何处理及摆尾（已知外面无断张）？

图5-38 思考题7如何摆尾

参考答案：遇到图中情况，此时我们可以分析出几条信息：

①地主出了对子，且地主没有大王，所以地主一定是想用大对子回牌的；

②已知外面无断张，不存在炸弹可能性；

③我们有大王，拥有单牌的绝对牌权，一旦不打对子，地主就失去领出牌权了。

此时我们应果断上22，不给地主的22获得牌权的机会，并改变牌道。可以推演一下，我们出22，再出单，再回大王，用JJ摆尾取得胜利。假如此时让地主回了22，地主手里万一有3个A和3个10，那就失去了最好的阻击机会。

特别说下，在我们有绝对控制力且外面没有炸的时候，不只是地主的，即使是农民同伴的牌，我们也可以管，这也是个信号，告诉同伴我可以完全掌握牌局走势了，有经验的同伴一定会配合我们逃跑。

2.8 出牌时间

斗地主高手经常利用这一点，一般来说，秒出的牌在手牌中是没有"羁绊"的，出牌时稍微花费一点时间的话，大概率此牌型在手牌中有"羁绊"。据我在赛事中的观察，有经验的参赛者有时会故意多消耗一些时间，让对手误以为其在拆牌或有炸弹。

比赛时出牌有最高用时限制的规定，既然有这个规定的时间量，我们就有权力、有理由利用好这段时间，哪怕是可以秒出的牌，我们也可以调整下呼吸，停顿 3 秒。在规则允许的范围内，时快时慢，迷惑对手，让其判断失误。

要点小结

✓ 小王的使命是打地主的第一张 2，大王的使命是控制最后一个 2。

✓ 大王不要轻易压小王。

✓ 地主手中的小王一般情况下要尽早出，否则后续会是羁绊。

✓ 地主应将有限的牌力聚焦到农民主跑方身上。

✓ 2 和 A 这种牌权牌是存在"先后手"的，要注意出牌顺序。

✓ 在牌局未结束前，不要给手牌任何枷锁，任何牌都是可以拆的。

✓ 巧用出牌时间，可以迷惑对手。

3. 地主强控牌打法

强控牌，即牌力和牌型都非常好，通过出牌顺序、手牌结构化组合等技巧，牢牢地把控主动权，并争取效益最大化。

强控牌并不意味着农民的牌地主都要管，而是牢牢地掌握牌局走势，地主的牌力毕竟也是有限的，应主要拦截农民主跑方。下面我们来看两个案例，地主对顺跑位的主跑农民进行精准打击，一直握有主动权。

案例16. 地主教科书式强控顺跑位（图5-39～图5-42）

对战双方是山西队和广东队，地主位于右上角位置。牌力很不错，有4、5、9三张单牌需要调整。地主下家的顺跑位牌型比较整，但是牌力略显不足，如果有三带上手的话会非常舒服。门板位牌力可以，需要调整的小牌较多。

第1轮，地主选择用单9开牌，顺跑位用单Q管上，门板位用单K顶住。

地主为什么用单9开牌呢？地主有多张单牌需要调整，且有牌权牌回牌，所以先调整大单牌，不让农民起手就垫小牌。

第1轮继续，门板位的单K地主没有要，顺跑位用单A接牌。地主用2管上，门板位用小王管上，并获得领出牌权。

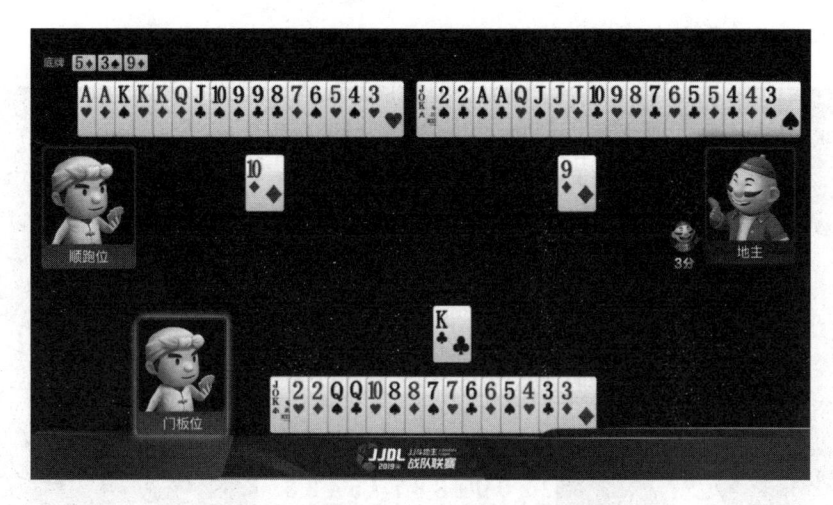

图 5-39　案例 16（强控顺跑位）第 1 轮

大家注意，顺跑位的单 A 已经有比较明显的主跑信号了，居然主动打同伴的牌。地主也显露出清晰的打顺跑位、放门板位策略。地主手牌的控制力还是很强的。

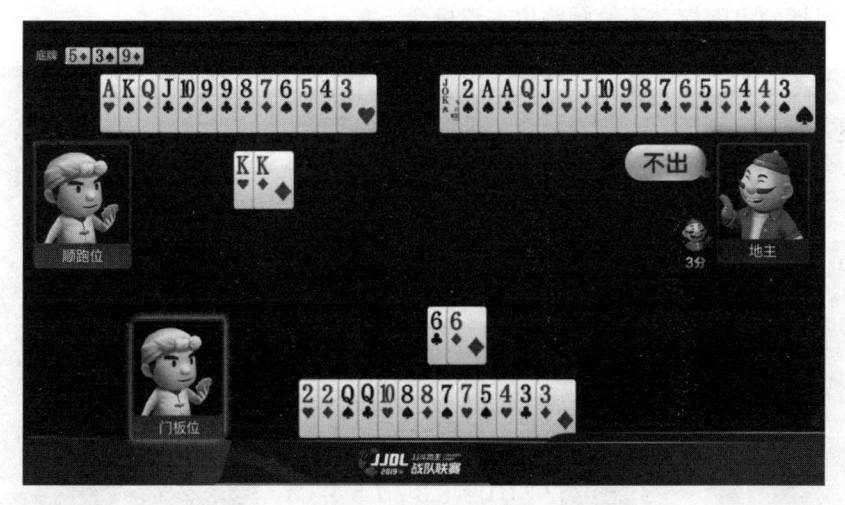

图 5-40　案例 16（强控顺跑位）第 2 轮

第 2 轮，门板位在拿到领出牌权后，领出 66，地主不要，顺跑位用 KK 接牌，又是很明显的抢跑姿势。地主果断用 AA 压住。门板位的 22 按兵不动，被地主拿到领出牌权。

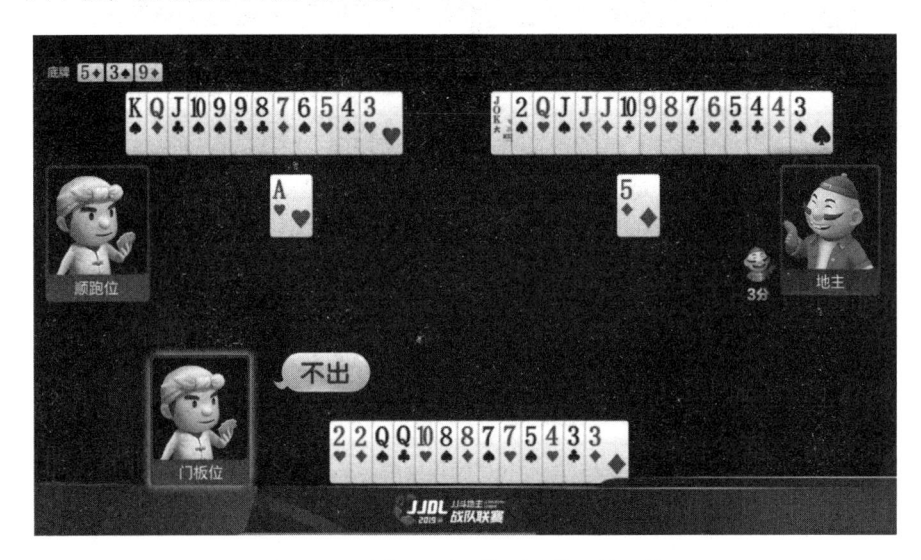

图 5-41　案例 16（强控顺跑位）第 3 轮

第 3 轮，地主领出单 5，顺跑位继续用 A 抢牌，地主上单 2 压死。继续保持领出牌权，不给顺跑位一点机会。

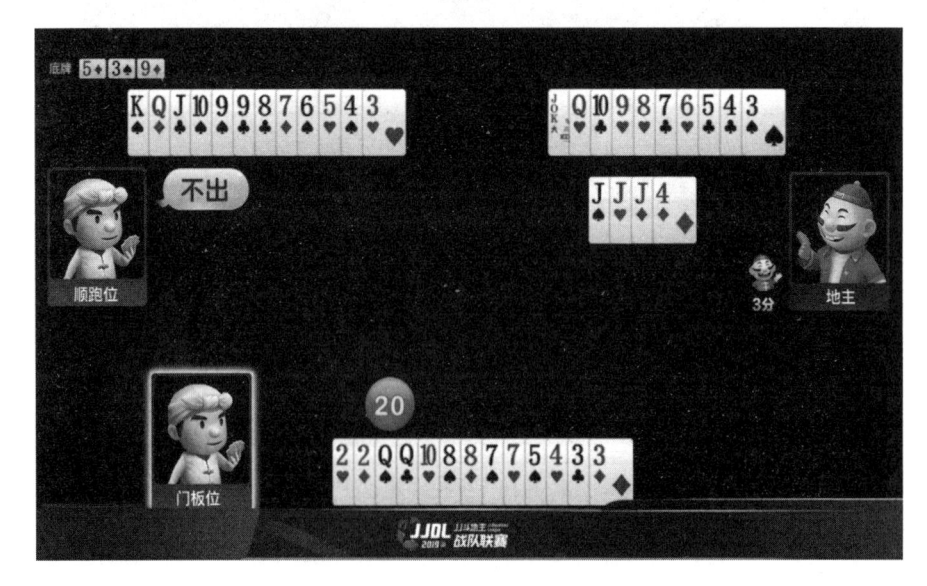

图 5-42　案例 16（强控顺跑位）第 4 轮

第 4 轮是关键，地主出 JJJ 带 4，农民们都要不上。

地主为什么出 JJJ 带 4 呢？此时地主手牌有两种结构化的变化。一种是单 4+JJ+长顺+大王，另一种是 3~0 长顺+单 Q+JJJ 带 4+大王。鉴于顺跑位一直想抢跑，他手里大概率是有超长顺的。JJ 外面肯定不看大，JJJ 外面只有被 QQQ 管上的可能性，且顺跑位心心念念要跑的超长顺里大概率会有 Q，所以闯 JJJ 带 4 是更保险的做法。

来到第 5 轮，地主已经开始摆尾，闯单 Q，用大王回牌。

第 6 轮最后出 34567890 长顺，取得胜利。

回顾整局牌，地主用强牌力一直牢牢控制着场上局势，没有给农民任何机会，顺跑位农民一直尽最大的努力争取，但被地主强控，门板位农民有劲儿使不上。这是非常经典的地主强控案例。

强控打法并不意味着上来就要强控，斗地主高手往往会选择后手强控，即在收集两轮牌局信息后再接管比赛。后手强控会让地主对牌局的掌控力更强。我们来看下面这个案例。

案例 17. 欲擒故纵，后手强控教科书（图 5-43～图 5-48）

此局对战双方是天津队和湖北队。地主位于正下方，牌力较强，有小王 22 和 4444 炸弹，对子不够大，有 3、5、9 三张单牌需要调整，对于地主来说外面断张有 8 和 J。顺跑位农民牌型相对整齐，有 999 和 0JQKA 的顺子，如果两张单牌顺垫进去，就有启动逃跑的可能性。门板位农民牌力较强，有大王、2、A 和 KK，但牌型不整。我们来看看双方是如何行牌的。

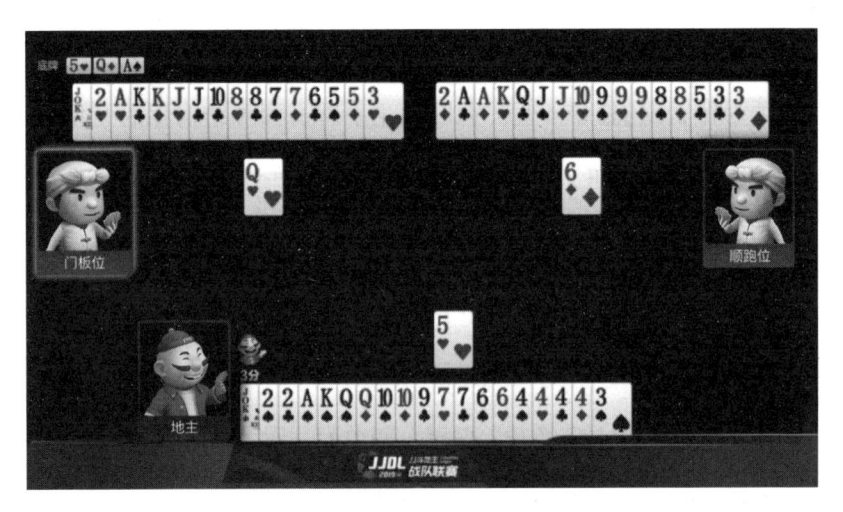

图 5-43　案例 17（欲擒故纵）第 1 轮

第 1 轮，地主选择单 5 开牌，顺跑位顺垫单 6，门板位果断打断顺子牌型，用单 Q 扛住。地主单 K 试探，顺跑位拆 AA 用单 A 抢一手，成功取得了领出牌权。

此时农民基本可以判断出地主有 22 了。地主没有看到 8 和 J 的断张，不敢轻举妄动，打算再观察观察，同时基本确定了顺跑位有主跑意图。

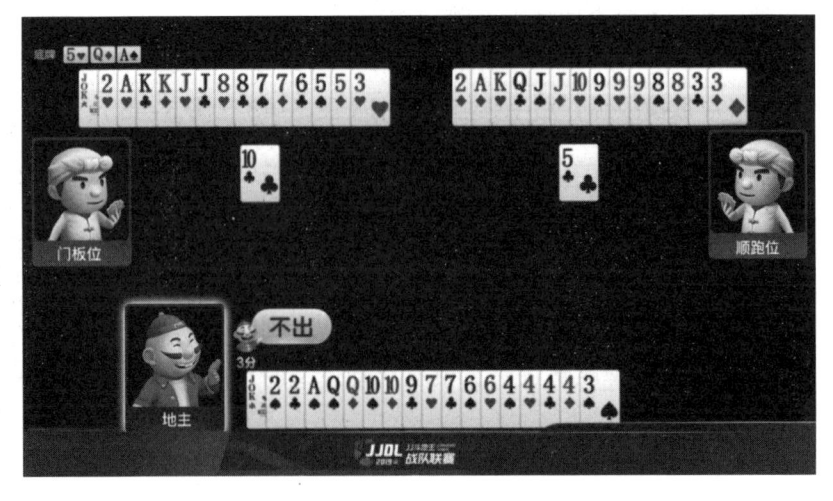

图 5-44　案例 17（欲擒故纵）第 2 轮

第2轮，顺跑位领出单5，门板位用单Q来扛。地主还是没有见到断张8和J，此时地主选择不要。地主此时是有单A可以管的，但他依然不要，一方面是想要进一步获取更多的牌局信息，另一方面要再一次确认农民的主跑身份。

第2轮继续，顺跑位农民跨过地主用J管上，再一次暴露了自己的主跑意图，同时让地主看到了断张J，地主毫不犹豫地用单A压死。

第2轮继续，顺跑位用单2管上地主的A，想要抢领出牌权，地主用小王压死。此时我们看到地主已经在非常明显地控制顺跑位了。

门板位的大王没有下来压地主的小王，这也是正常的，农民的大王通常要控制地主的最后一个2。如果大王下来，地主的22将称霸全场。地主依然没有见到断张8，且外面可能有KK和AA来管自己的QQ，此时地主的牌力并不足以控制全场。

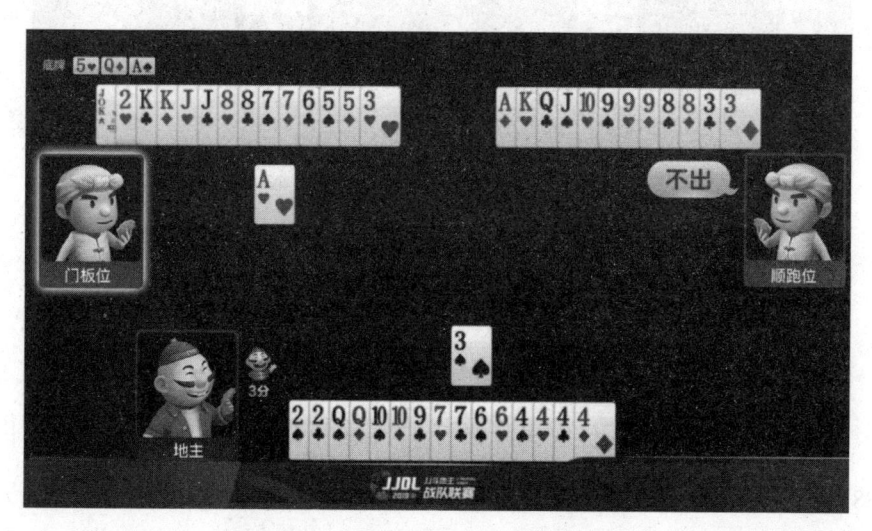

图5-45 案例17（欲擒故纵）第3轮

来到第3轮，地主用单3领出，顺跑位农民不要，门板位农民直接用单 A 顶住，地主选择不要。

地主此时为什么不要呢？顺跑位农民连单 3 都不要，说明牌型很整，农民同伴大概率会送对子，如果这样的话正中地主下怀，自己有对子需要调整且手握 22。

来到第 4 轮，门板位果然送出对子 88，地主不要，顺跑位农民也不要。

地主看到了断张 88，地主虽然有 00 和 QQ，但依然不要，是不是有点上面有单 A 不管的意思？一方面把火力瞄准主跑农民，另一方面继续收集对子的牌型信息，为自己后面强控牌局做准备。

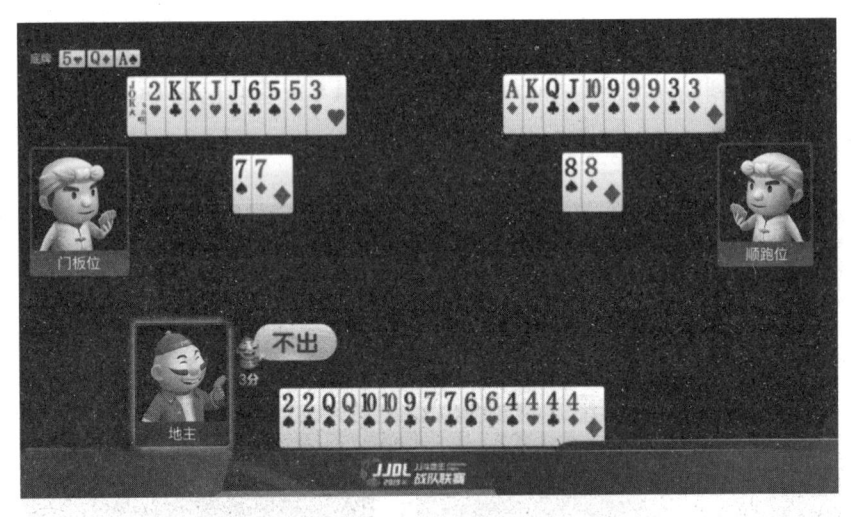

图 5-46　案例 17（欲擒故纵）第 5 轮

来到第 5 轮，门板位农民降级打 77，地主依然不要，顺跑位农民用 88 接过来。此时地主用 00 管上顺跑位的 88，把顺跑位打得一点脾气没有。门板位用 JJ 管上 00。

大家可能没注意到，在不知不觉间，地主此时已经完全接管比赛了。

外面的对子牌型已经不能够阻挡地主逃跑的步伐了。外面只有 99 和 KK 的对子牌型可以稍微抵抗一下，但地主手里有 QQ、22 和 4444 炸弹。

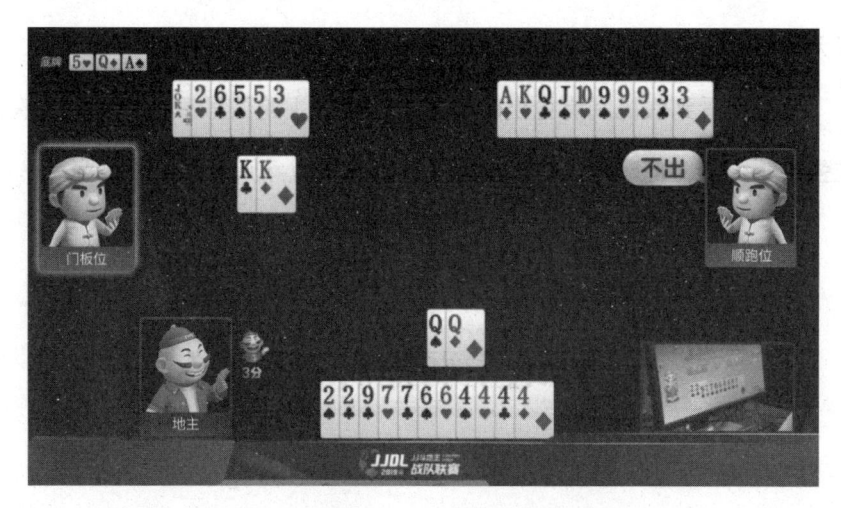

图 5-47　案例 17（欲擒故纵）第 5 轮续

第 5 轮继续，地主已经算好了外面的牌型，不局限于控制顺跑位了，而是开始接管整个比赛。地主用 QQ 管上门板位的 JJ，门板位用 KK 管上地主，地主则用 22 压死门板位，强夺领出牌权。

图 5-48　案例 17（欲擒故纵）第 6 轮

来到第6轮，地主领出66，农民们已经都不要了。顺跑位没有敢拆999。

第7轮，地主继续领出77，顺跑位被迫拆999，用99管上。此时已经无力回天，地主直接4444开炸，取得胜利。

地主在看到农民间有抢出牌暴露出明确的主跑信号后，行牌的节奏是先强控顺跑位，把顺跑位打得没脾气，待时机成熟则全面接管比赛。

4. 地主弱控牌打法

弱控牌打法也可以称为后控打法，即地主牌力和牌型不是特别好，甚至还拼不过一家农民，就要通过火力分配、不轻易越级、拆牌和忍让等技巧达到牌局后期控牌的效果，最终以弱胜强。在全国斗地主大赛中，真正拉开分差的，就是那种大家牌力差不多的牌型。抓到天牌大家都会赢，水平高的人往往能后发制人，在牌力不强的情况下，四两拨千斤，通过后控打法控制牌局走势。

弱控技巧比强控技巧更难一些，一方面要注意火力分配，即判定好主跑方，将有限的火力集中在主跑农民身上；另一方面要有办法让农民把能够管得上自己的牌打出去，达到后期控牌的目的。因为自己是地主的身份，农民有时候会越级顶牌、管牌，给弱控或后控打法制造了获胜的空间。

当我们是弱牌力地主的时候，可以考虑把自己手中珍贵的牌权放到后面使用以发挥更大的作用。比如我们要后控顺子，则可以前期引导农民拆牌导致后期管不上我们的顺子。后控打法需要非常精准地记忆比自己大的牌。下面我们结合实际案例，来欣赏几个典型的弱牌力后控打法。

案例 18. 瞒天过海，地主无王弱牌力取胜（图 5-49 ～图 5-53）

此局牌是以弱胜强的典型案例，地主位于右上角。单 2 叫 3 分，底牌补上来的是 2、Q、9。对于地主来说外面有 22AA，自己的单牌控制力较弱，对子的控制力还算可以。顺跑位牌力较强，但需要调整的单牌较多，门板位对顺子有较强控制力，如果上家配合好，是有偷跑的可能性的。这样一局牌，我们且看地主如何瞒天过海。

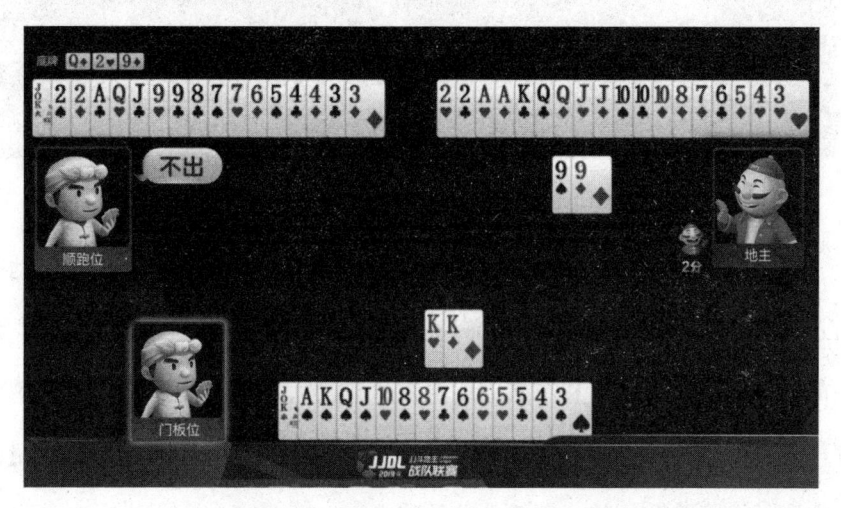

图 5-49　案例 18（瞒天过海）第 1 轮

第 1 轮，地主以 99 开牌，这样行牌比较好理解，因为地主的对子控制力比较强，先出对子，避免反春，同时也看出了地主的手牌结构化思路，是要通过一直打对子打通，然后 000 三带，最后用顺子摆尾。

此时顺跑位农民不要，门板位直接用 KK 顶住。

第 1 轮继续，地主果断下 AA 压住门板位的 KK。此时地主的 AA 一方面是要管 KK，另一方面是要试探 2 的分布，如果 22 在一起并能够成功诱下来，对地主来说是非常有利的。结果正中下怀，顺跑位直接上 22 封死并获得领出牌权。

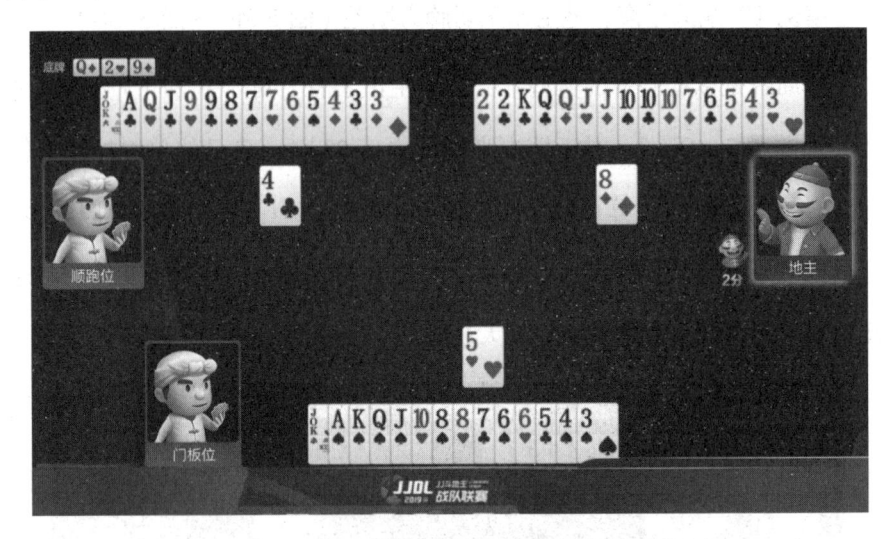

图 5-50 案例 18（瞒天过海）第 2 轮

第 2 轮，顺跑位领出单 4，门板位顺垫单 5。此时地主出人意料地打出了单 8。为什么呢？地主手里没王，农民用 22 封住对子并打了单牌，外面的大牌还有双王 AA 和单 K，地主知道自己大概率再也拿不回来单牌的牌权了，所以自己不越级管牌，让农民误以为地主要跑单牌，同时尽量诱引农民越级管牌和顶牌，消耗大牌的牌力。

在此轮地主的策略跟开牌时相比有了调整。再来看农民，谁是主跑方呢？好像还不是特别清晰，门板位顺垫小牌单 5 表态，主跑的意愿更强烈一些。

第 2 轮继续，顺跑位用单 9 管上地主的单 8，门板位不要，地主此时被迫上单 K 管上。顺跑位则用单 A 管上地主的单 K，地主拆 22 管上顺跑位的单 A，门板位用小王压住地主，并获得下一轮领出牌权。

至此第 2 轮结束，牌局也逐渐明朗。这局牌地主打得比较细，地主现在就是在隐忍等对子。

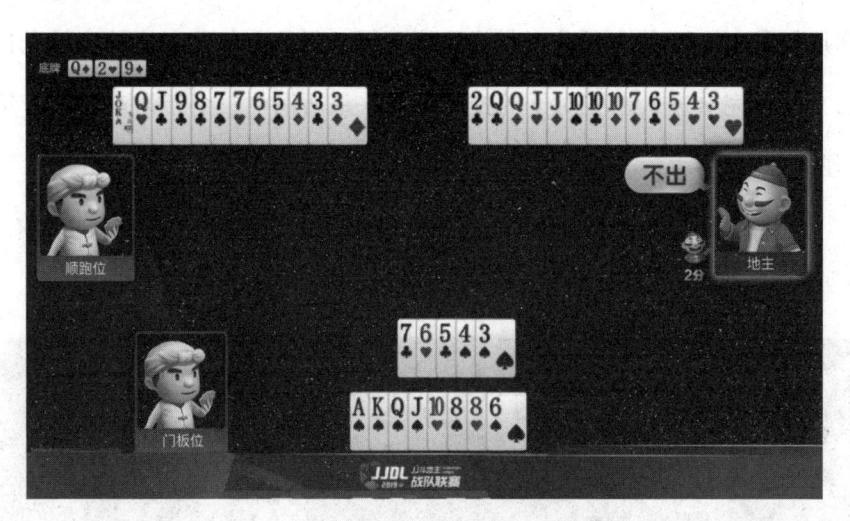

图 5-51　案例 18（瞒天过海）第 3 轮

第 3 轮，门板位农民在获得领出牌权后准备启动逃跑，领出 34567 顺子，更加明确自己要主跑，其他人都不要。

第 4 轮，门板位农民继续领出 0JQKA 顶天顺，其他人也都不要。

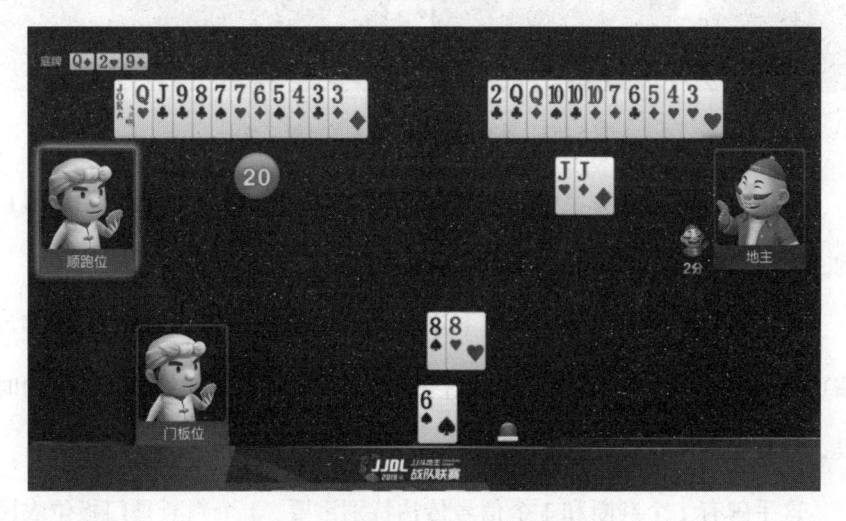

图 5-52　案例 18（瞒天过海）第 5 轮

来到第 5 轮，此时是最关键的胜负手。如果说前面几轮是地主在为自己争取机会，这手牌则为地主彻底打开了大门。主跑农民在单 6 和 88 之间选择了出 88。绝大部分人都会这么选择，保留单牌队友比较容易送自己。此时完全进入地主对子的控牌节奏，正所谓"三十年河东，三十年河西"。

地主用 JJ 管上了门板位的 88，获得领出牌权，并开始了后续的表演。

第 6 轮，地主继续闯 QQ，已经没有人能管上。

图 5-53　案例 18（瞒天过海）第 7 轮

第 7 轮，地主很有灵性地闯 000 带 2，农民已经无力回天，无法阻止地主前进的步伐。最后地主顺子摆尾成功逃跑。

地主第 2 轮的一张单 2 叫地主并在最后打成功，行牌过程中有诸多可圈可点之处。我们亡羊补牢地回过头来分析一下，在第 5 轮胜负手的时候，门板位农民有没有更好的处理方式呢？

这手牌有 1 个判断和 1 个信号传达特别重要。1 个判断是门板位农民能够断定大王在同伴手里。这个不是特别好判断，但通过地主单牌控制力不强，顺跑位农民抢到牌权后出单，还是能猜个差不多。1个信号传达是要告诉队友，自己出单后手里剩个对子，此时有个技巧，就是消耗出牌时间，如果剩3张单牌，没有必要考虑很长时间。消耗尽可能多的时间，就是在告诉队友自己在纠结，在做2择1的选择。结合自己闯了两手顺子，如果同伴是有一定经验的玩家，是可以接收到门板位农民剩个对子的信息的。

案例19. 暗度陈仓，单A叫地主获胜（图5-54～图5-58）

上一局牌地主好歹还有22和AA，这局牌地主只有一张单A和3333炸弹。地主位于左上角位置，顺跑位农民有大王222AAKKQQ如此强的牌力，地主在只有一手确定牌权的情况下获胜。我们看看地主如何暗度陈仓。

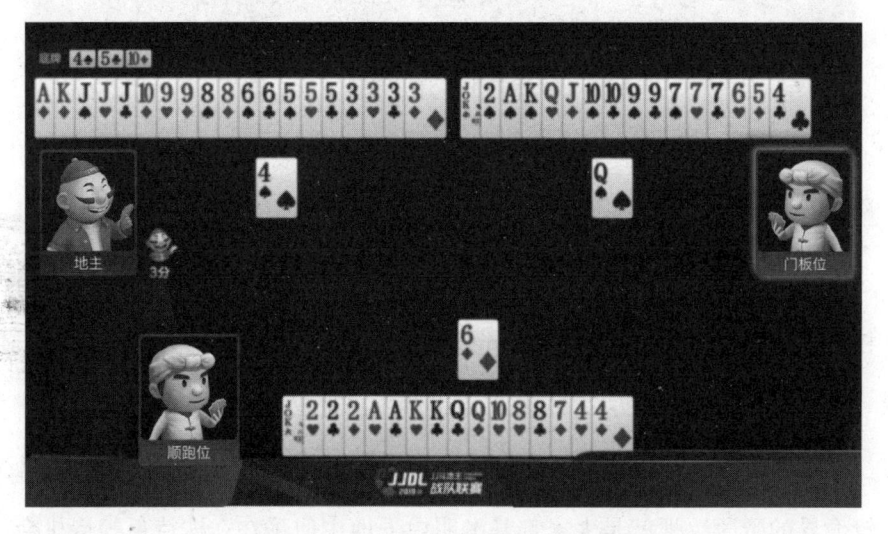

图5-54　案例19（暗度陈仓）第1轮

第1轮，地主以单4开牌，顺跑位垫单6，门板位用Q扛住。地主有

JJJ 和 555，所以地主是希望见到更多的 QKA，以让自己的 JJJ 做大，就有逃跑的机会。

第 1 轮继续，地主上单 K 管上门板位的 Q，顺跑位农民牌力较强，拆对 A 管上单 K，并获得了领出牌权。

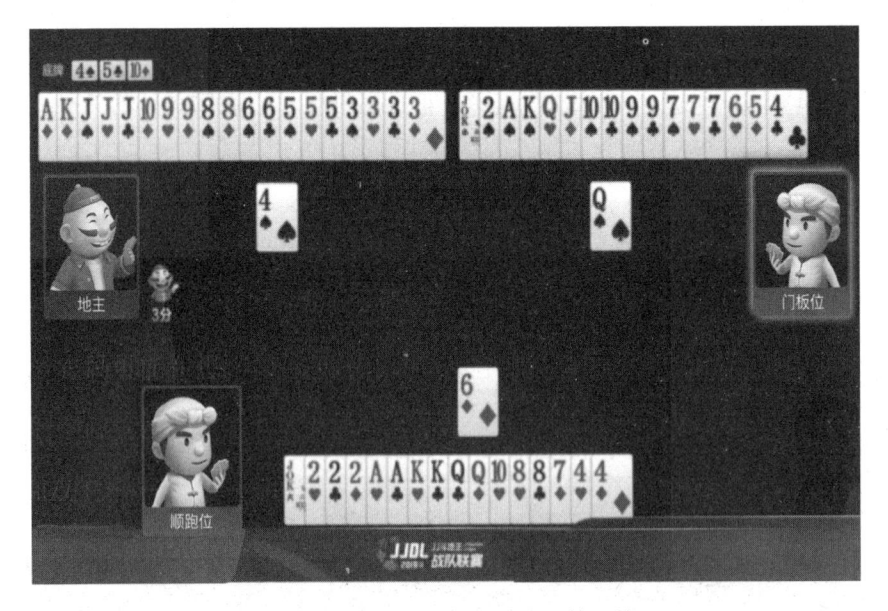

图 5-55　案例 19（暗度陈仓）第 2 轮

第 2 轮，因为顺跑位手牌有绝对控制力，所以继续出单 7，门板位用单 Q 顶一下，地主把自己手里最大的一张单 A 扔下去。这里要跟大家说，这张 A 一定要早点出，一方面是试探 2 的分布，另一方面是它拿不到牌权，早晚会被管上的，在手里是隐患。

此时顺跑位农民拆 222，用单 2 继续领出牌权。

来到第 3 轮，顺跑位继续出单 Q，其他人都不要。此时牌局进入了比较诡异的阶段。那就是大家都基本明白了地主似乎在守株待兔等待机会。但是他在等什么呢？不太好判断。

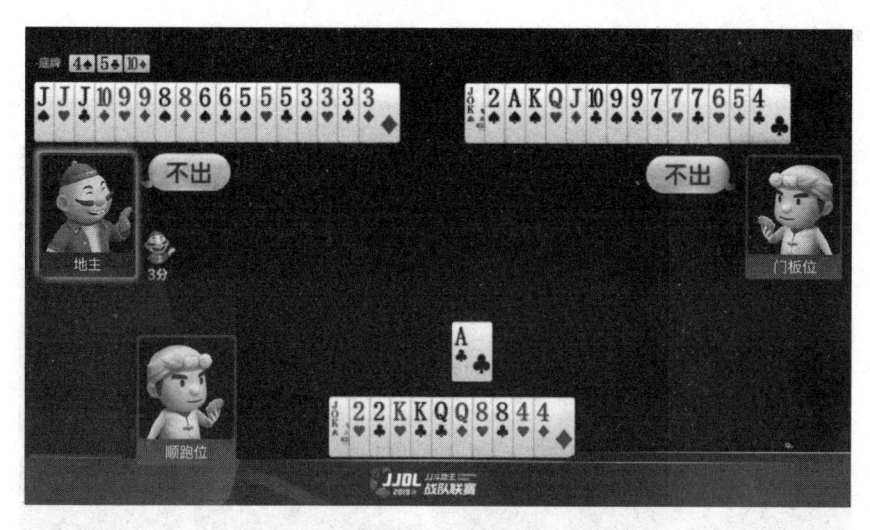

图 5-56 案例 19（暗度陈仓）第 4 轮

来到第 4 轮，顺跑位继续出单 A，其他两家都不要。农民可能在想，我自己牌这么好，地主是不是已经放弃了？

其实地主还在继续隐忍，他想看到更多的 Q、K、2 和双王。

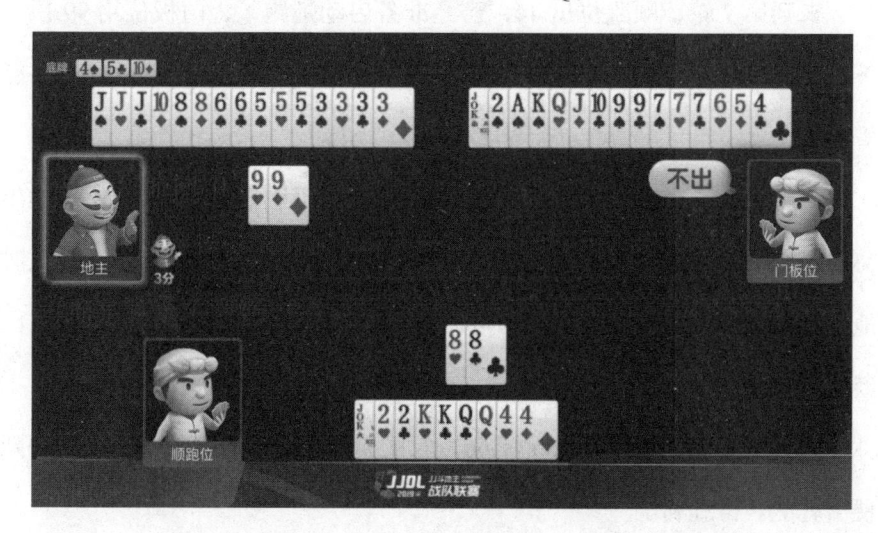

图 5-57 案例 19（暗度陈仓）第 5 轮

来到第 5 轮，顺跑位农民领出 88，门板位农民不要，地主用 99 管上，顺跑位农民用 QQ 继续领出牌权。可以看出此局牌顺跑位一直在强控。

第 6 轮，顺跑位出 KK，依然很平静，其他人都不要，地主继续隐忍。

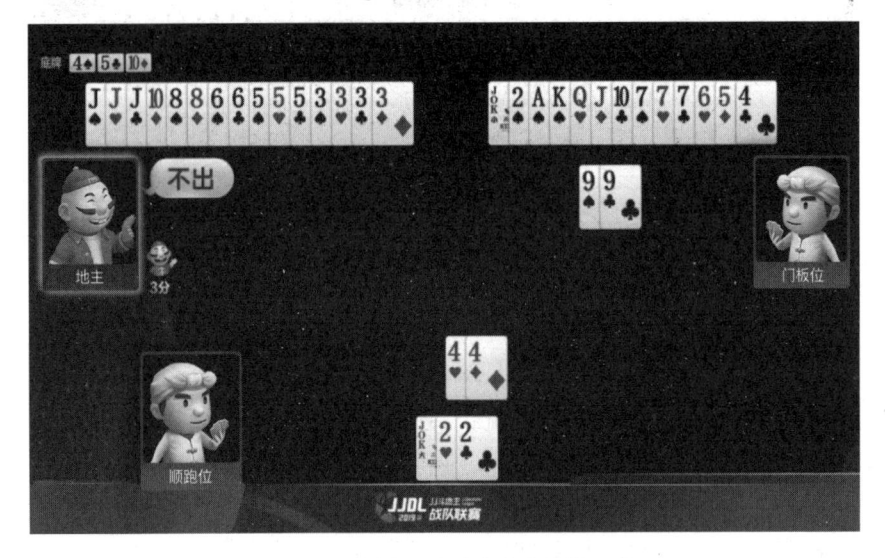

图 5-58　案例 19（暗度陈仓）第 7 轮

来到第 7 轮，顺跑位出 44，已经准备启动逃跑了，门板位用 99 顶一下。此时地主手中的 JJJ 和 88 已经不知不觉地做大了，只有外面的 22 能管上了。

第 7 轮继续，顺跑位打出 22，想要继续领出牌权，没想到地主竟然出 3333 炸弹。地主基本可以明确，一直强控的顺跑位农民剩下一张王。此时地主在三带和对子领域的控制力可谓绰绰有余，农民们恍然大悟，地主已经暗度陈仓。

来到第 8 轮，地主出 555 带 66，农民们已无力回天。地主手里的牌随便出就能获得胜利了。

回顾下这局精彩的牌局，地主在只有单 A 的情况下，忍辱负重，任由顺跑位去控牌，在精确地计算后，在第 7 轮果断启动炸弹，体现出了弱牌力控牌的精髓，令人拍案叫绝。

案例 20. 技高人胆大，对 A 叫 3 分，后控教科书（图 5-59～图 5-64）

案例 18 好歹有 22，案例 19 还有个炸弹，而这个案例是在无 2 无炸弹只有 AA 的情况下叫 3 分，我们来共同欣赏下。

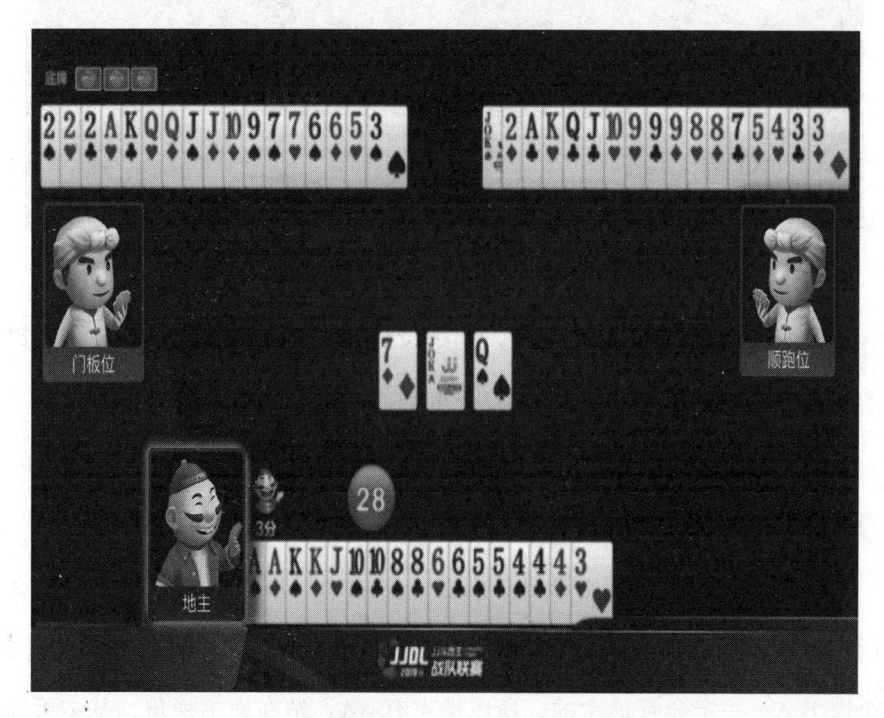

图 5-59　案例 20（对 A 叫 3 分）开局牌型

地主手牌只有 AAKK，底牌上了大王、单 Q 和单 7，幸好补充上来一张大王，但是看起来牌力还是比较弱。

如果你是地主，这局牌要怎么规划呢？这种牌比较碎，应该做好持久战准备。如果规划成顺子会有很多单牌需要调整，所以大概率是需要打对子来调整的。如果农民有一家有长顺，那么我们手里对子的牌力就还可以。我们用上帝视角来看下这局牌的行牌。

图 5-60 案例 20（对 A 叫 3 分）第 1 轮

第 1 轮，地主选择 55 开牌，顺跑位垫 88，门板位用 QQ 扛住。农民的应对中规中矩。

第 1 轮继续，地主用 KK 压死 QQ，去试探一下 AA 和 2222 的分布。门板位农民直接用 22 获得领出牌权。

其实此时门板位的对 2 是可以忍一忍用来打后面的对 A 的。为什么门板位农民可以知道地主有 AA 呢？因为自己只有一张 A，如果同伴有 2 个以上 A，一定会管地主的，所以地主有 AA。站在地主视角，基本可以判断出两个 A 是分家的，也能判断出顺跑位农民没有 22，所以门板位农民有多 2，大概率是 222，自己的 AA 很可能已经拥有对子领域的绝对控制权。

第 2 轮，门板位农民领出单 0，地主在思考了很久后居然没有要。我们猜测地主可能的两个思路：

①想看看外面 J 的分布，QKA 对子的分布地主已经知晓，想试探下。

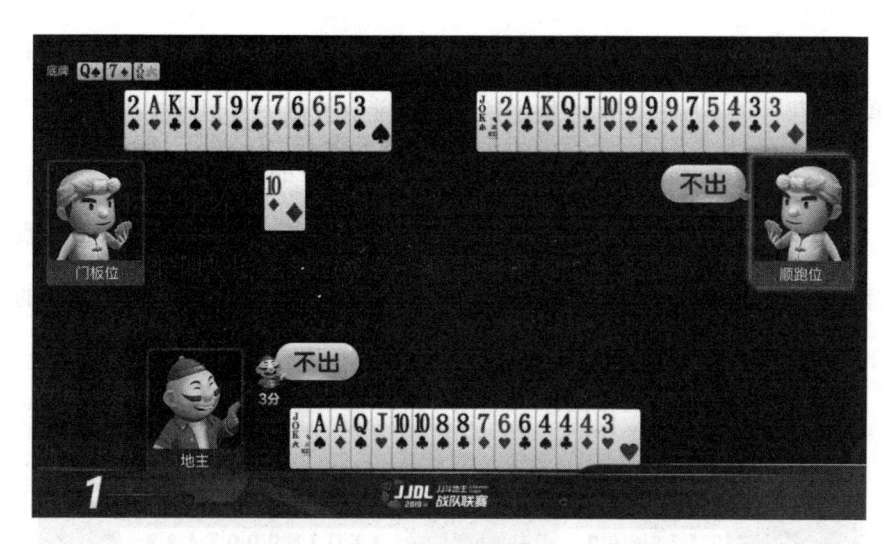

图 5-61 案例 20（对 A 叫 3 分）第 2 轮

②想迷惑对手，让农民们误以为自己在等对子，被迫拆牌，地主在隐忍。我个人觉得这种可能性更大一些。

第 3 轮，门板位农民领出单 9，地主再次思考良久，一副被迫的样子打出了单 J。顺跑位不要。

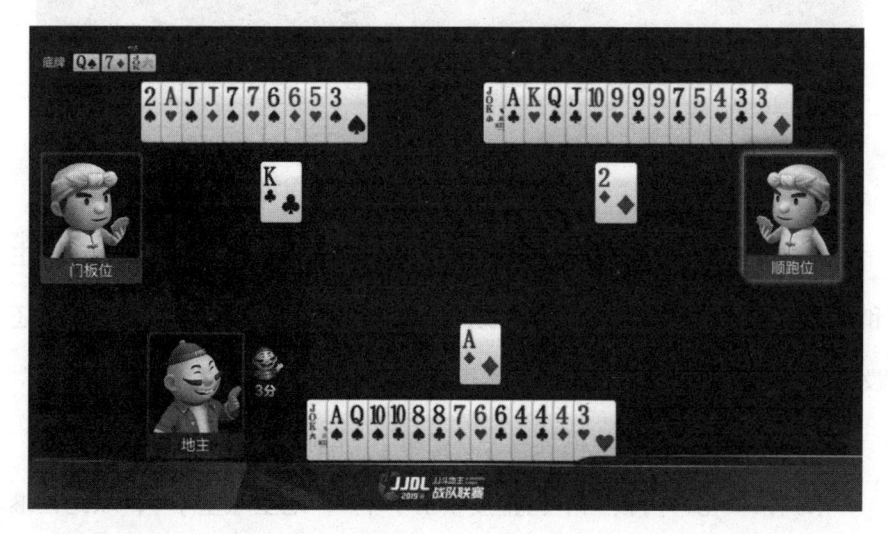

图 5-62 案例 20（对 A 叫 3 分）第 3 轮

第3轮继续，门板位出单K扛住，地主此时拆了AA来管，顺跑位上单2并获得领出牌权。此时地主留对子可能有控制力，但地主拆对A了，是有自己的规划。也许他是在按张数着外面大于0的牌的数量。

第4轮，顺跑位农民领出单5，门板位拆JJ扛住，地主顺垫单Q。我们从上帝视角可以看出，门板位已经放弃主跑了，在拆牌扛地主。地主的计谋也已经得逞，让农民误以为自己在等对子。

第4轮继续，门板位用单A回牌，继续领出牌权。

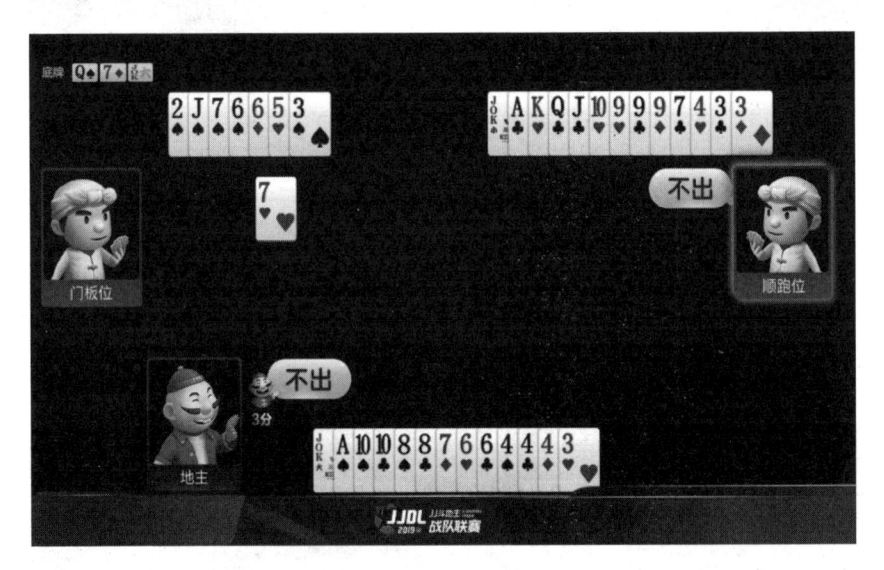

图5-63　案例20（对A叫3分）第5轮

来到第5轮，门板位不敢打对子，只好降级拆77，打了单7后，地主和同伴居然都不要。此时顺跑位农民应该接牌的，两位农民好像到现在还没明确主跑方。顺跑位农民因为惧怕大王，一直没敢启动。

来到第6轮，门板位继续放另一张单7，其余两家还是不要。

来到第7轮，门板位干脆直接领出了单3，地主顺垫单7，顺跑位继续不要。此时地主已经看到了一丝胜利的曙光。

第 7 轮继续，顺跑位用单 J 管上地主的单 7，地主终于不再隐忍，下了单 A。此时地主的牌力已经足够逃跑了。

图 5-64　案例 20（对 A 叫 3 分）第 7 轮

第 7 轮继续，门板位用 2 来管上地主的 A，地主果断下大王，开始启动了。其实已经可以提前庆祝地主完成了不可能完成的任务。至此地主第一次夺回领出牌权，之前一直是农民在领出。

第 8 轮，地主选择打对 88 领出，说明他记得外面有 99 甚至 999，还在选择稳健打法。顺跑位依然没出，他还以为门板位要主跑。

来到第 9 轮，地主再次领出对子 66，顺跑位被迫拆 999 来管，但为时已晚。之后地主的对 Q 笑傲全场，拿到领出牌权后，444 带 3 取得胜利。

地主在没有 2、没有王、没有炸弹，只有 AAKK 的情况下叫地主，精准记忆 Q 以上花牌，通过 10 轮鏖战取得最后的胜利，展示出了惊人的记忆力和高超的后控技术。

我们从大数据的角度来看，这么多案例中很少有打到第 10 轮的，此局地主一共获取了 3 次领出牌权且都在最后阶段，远低于之前提到的 4.3 次领出牌权。从数据也能看出来，这种牌打起来会非常艰难，是对地主的极限考验。

案例 21. 弱牌力尾家叫 3 分，规划非常好（图 5-65～图 5-70）

最后一个案例，也是弱牌力地主叫 3 分并取得胜利，这局牌的特点是地主规划得很好，打得很从容，底牌上得也不错，补上来一个炸弹。我们以上帝视角来看，两家农民的牌力非常强。

地主位于正下方，在左上角的补牌中，我们看到地主补牌上来两张 7 和一张 Q，凑齐了一个 7777 炸弹，为地主争取到了一手领出牌权。看三家的起手牌，地主是几乎拿不到牌权的。我们来看地主如何规划和行牌。

图 5-65　案例 21（弱牌力尾家叫 3 分）第 1 轮

第 1 轮，地主以 66 开牌，顺跑位垫 99，门板位牌力较强，用 KK 顶住。地主用 66 开牌，可能是想一直打对子，然后通过三带或者垫牌处理掉两个单张 A 和 J。

图 5-66 案例 21（弱牌力尾家叫 3 分）第 2 轮

第 2 轮，门板位领出单 Q，地主顺垫单 K，顺跑位不要。地主居然拆了 KK，看来规划有变了，地主留了顶天顺。一方面地主看到农民扛的对子比较大，且外面有 2222AAA，自己的对子是拿不回来领出牌权的；另一方面由于自己开牌出了 66，农民会误以为地主要对子而打单。

第 2 轮继续，门板位继续出单 A 管住地主单 K，地主和顺跑位都不要。

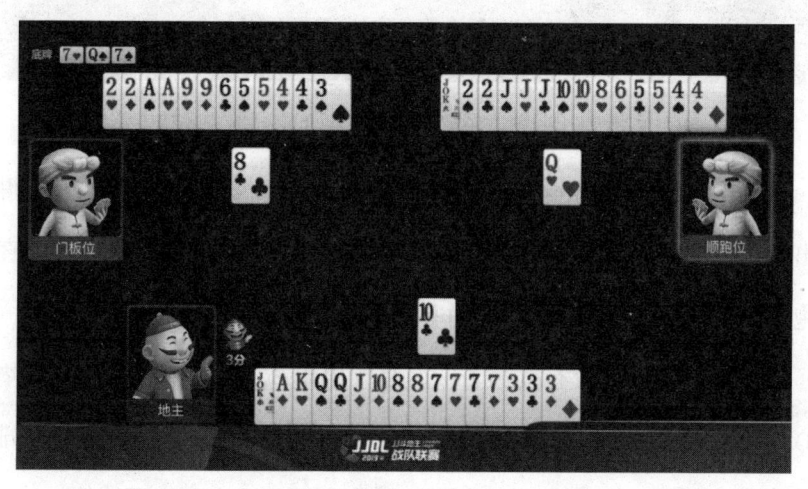

图 5-67 案例 21（弱牌力尾家叫 3 分）第 3 轮

第 3 轮，门板位领出单 8，地主顺垫单 0，顺跑位出单 Q。此时地主直接选择下小王管上了单 Q，顺跑位下大王取得领出牌权。

我们之前提到过，这种情况小王应该尽快出去，小王放在手里越往后越拿不到牌权，且会受到牵制。能把大王诱下来，对地主是比较有利的。

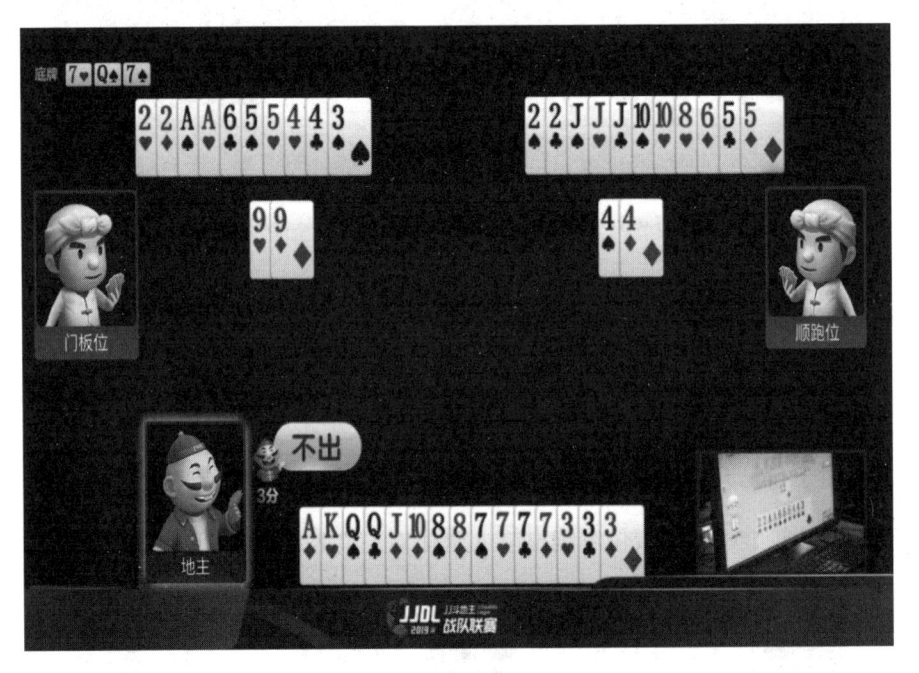

图 5-68　案例 21（弱牌力尾家叫 3 分）第 4 轮，地主还缺 1 手垫牌

第 4 轮，顺跑位出 44，已经有主跑意图。门板位用 99 扛住并获得了领出牌权。注意，此时地主如果把单 Q 或者 88 顺垫出去，就有可能直接逃跑了（在外面的 2 和 5 没有成炸弹的情况下）。

第 5 轮，门板位没有打对子，而是领出单 3，地主正好按计划顺垫了单 Q。顺跑位不要，门板位农民拆 22 管上地主的单 Q。此时已经可以排除外面 2222 炸弹的可能性，还有断张 5 没有出现，地主决定再等等。

图 5-69 案例 21（弱牌力尾家叫 3 分）第 6 轮

第 6 轮，门板位领出单 6，地主只好拆 88 管。不能把自己的手牌暴露得特别明显。如果什么都不要，就会让农民猜出地主在等牌。

第 6 轮继续，门板位用另一张单 2 抢得领出牌权。

第 7 轮，门板位领出 44，其他两家都不要。

图 5-70 案例 21（弱牌力尾家叫 3 分）第 8 轮

第 8 轮，对门板位是个考验，他可以选择出 55 或者 AA。绝大多数人都会出 55，我们现在是上帝视角，知道地主一直在等断张 5。即使隐藏了断张 5，地主大概率也会搏一下的。真实情况是门板位出了 55，那地主就没有任何犹豫了，直接下炸弹、通天顺，最后用 333 带 8 摆尾。

通过以上 4 个地主弱牌力后控的案例，我们可以看到这种牌打起来是很有难度的，牌局轮数较多，地主取得牌权数少，需要一直隐忍。而且往往伴随农民方两个特点：

①门板位牌力较强，让地主有较多机会垫牌；

②主跑农民信号不明确，农民间存在互让或互抢的情况。让牌会给地主垫牌的机会，抢牌会越级，给地主手牌做大的机会。

第6章　关于炸弹

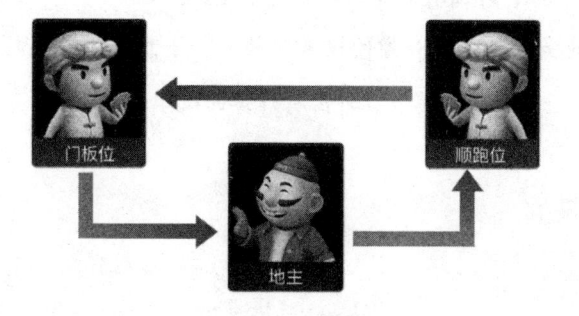

对于炸弹，玩斗地主的人应该都非常熟悉了，4张一样的牌称为炸弹，双王称为王炸或火箭，在牌局里拥有无视牌型的最高统治力，是斗地主游戏中的杀手锏。跟大家介绍一组有趣的数字，是基于数亿场在线斗地主牌局的分析：

- 游戏中直接抓到王炸的概率是 9.5%
- 拿底牌组成双王的概率是 13.28%
- 抓四张一样牌的炸弹的概率是 9.785%
- 抓起三张底牌后炸弹概率是 19.95%
- 一局牌里出现炸弹的概率是 71.81%
- 一局牌出现两个及以上炸弹的概率 15.58%
- 有三张一样的牌或者单王，想要靠底牌补全炸弹或者王炸的概率是 8.11%
- 自己没有王，外面有王炸的概率是 48.47%
- 手里有断张，外面有炸弹的概率是 10.25%

手里断张越多，外面有炸弹的概率就越大。手里重复的牌越多，外面有炸弹的概率越大。自己炸弹越多，外面有炸弹的概率越大。

第6章 关于炸弹

1. 地主防炸

防炸指的是在自己本身牌力就很强的情况下，即使外面有炸弹，也可以从容应对。防炸又分主动式和被动式。主动式即主动去诱炸，把炸弹骗下来，让靴子落地。被动式即保持自己牌力值，即使被炸了也从容应对。下面我们来看几个思考题。

思考题 1：

外面已经没有22了，且判断大概率存在炸弹，我们手中剩22AA和一条连对，此时如何防炸？

参考答案：对于我们来说22和AA是一样的，此时宜用22管牌引炸弹。一方面22比AA更具有吸引炸弹的能力，另一方面我们出了22，对手会觉得我们已经失去了对子的绝对控制权（诱炸）。

思考题 2：

我们作为地主，手中剩大王、22、小单，外面有小王，判断外面大概率有炸弹，如何行牌？

参考答案：如果外面出对子，那么直接用22。如果外面出单，建议用2管上，农民大概率会用小王管上，此时地主再用大王压死。

此时农民看到地主下了大王，同时剩下两张牌，会以为地主剩下一个对子，同时刚刚又出了2，所以不会是对2，农民如果有炸弹的话大概率会炸的，同时炸后会出单。而此时我们手中的2已经是最大的了。

如果出小单，我们直接越级用大王管，出大王被炸后，外面小王是最大的单牌了，手里剩对2和一张单牌，且没有领出牌权，此时就会很尴尬。

思考题3：

我们作为地主，手中剩王炸、单2、小单、小对子，且有领出权，判断外面大概率有炸弹，此时如何出牌？

参考答案：此时建议先出单2，如果被炸了则见单拆王。如果先出小单，农民先出2顶住，王炸就被憋住了，因为如果出王炸后，我们手里只剩下单2和小对，外面有炸弹就很危险了。农民如果不再打单，很容易被憋死。

思考题4：

我们作为地主，手中228，且有领出权，此时大小王已经出去了，判断外面大概率还有炸弹，此时如何出牌？

参考答案：此时建议先出单2，农民大概率会误以为你刚刚剩的是一个单2和一个对子。炸掉单2后还剩一个对子，所以农民很可能会继续打单。即使农民没有炸，我们继续出单保持用2回牌也还是有赢的可能性。如果直接出22，碰到炸弹就直接输掉了（诱炸）。

防炸技巧通常在牌力强的时候才有效，能给自己争取到最大利益。如果自己牌力不强，外面还有炸弹，那就只好听天由命了。通过以上几个防炸思考题我们可以看出，出牌顺序是很有讲究的，其实正是我们前文提到的牌权牌有前后手的技巧。

2. 农民何时炸

上面讲了地主如何防炸,与其对应的就是农民何时启动炸弹,两者互为矛和盾。农民炸地主的时候通常有3种情况:

①千钧一发阻断式。一般情况下,地主剩3张牌的时候,不要轻易炸,尽量逼迫地主剩1张牌时再炸。地主报单后逃跑的概率是很低的。

②强控接管牌局。当已经不存在其他断张了,且作为农民较强,已经可以控制全场了,这时候可以果断启动炸弹,也是在告诉同伴"跟着我的节奏走"。

③农民已经确定可以跑了,帮同伴添炸,这需要较高超的配合技巧。经常用非常规的出牌方式来发送信号。

思考题5:

我们看一个牌局片段,图6-1中情景,是一场明显的多炸局,此时顺跑位领出,顺跑位(顺跑位位于左侧,地主位于右侧)如何出牌才能告知同伴自己剩下双王,让同伴帮助添炸呢?

参考答案:顺跑位农民直接出000不带。此时这种非常规的出牌方式会让门板位同伴明白队友已经控制全场了。如果没人管的话,再出一张单3,将一手000带3拆成两手出,稍微明白一点的队友一定会添炸。

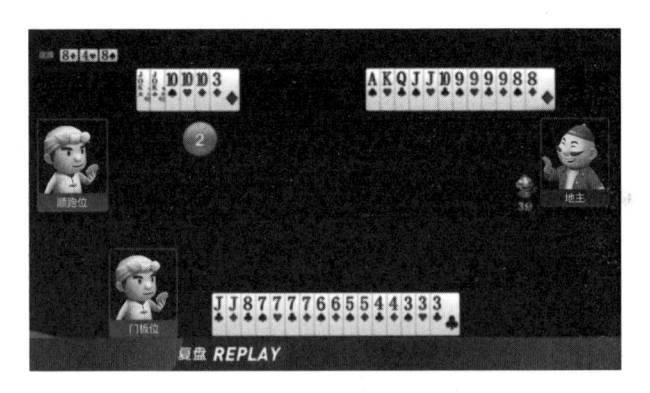

图 6-1 思考题，如何出牌告知同伴自己剩双王

案例 22. 千钧一发多炸局（图 6-2 ～图 6-5）

我们来看一局农民炸弹一直保留，到千钧一发之际才发动，最终赢得多炸局的案例，也是来自 JJ 斗地主战队联赛，比赛双方是河北队和广东队。双方牌都比较整，只用 5 轮就结束了战斗。

先以上帝视角看下各方手牌。地主位于左上角，最大的只有一个 A，不过剩下的牌很整，有两个较大的三带和长顺，还有一个 QQQQ 的炸弹。顺跑位农民有小王和一个 2222 炸弹，牌力很强，门板位农民有大王和 AAA，还有 77889900 连对。

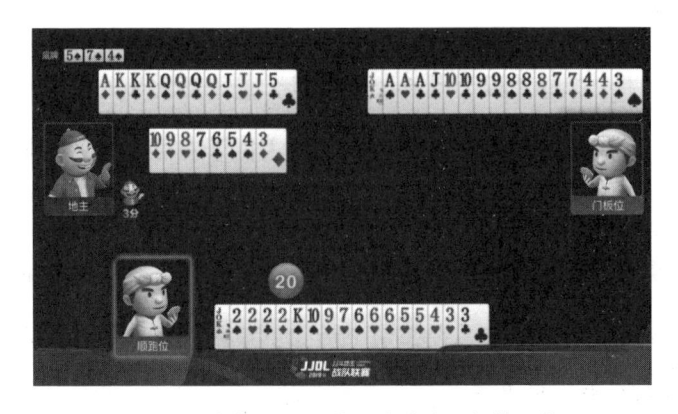

图 6-2 案例 22（千钧一发多炸局）第 1 轮

第 1 轮，地主选择用 34567890 开牌，没有问题，毕竟自己手里有 JJJ，外面较难有正好管上自己的牌。

第 2 轮，地主继续领出 JJJ 带 5，顺跑位没有牌选择过，门板位用 AAA 带 3 顶上，获得领出牌权。

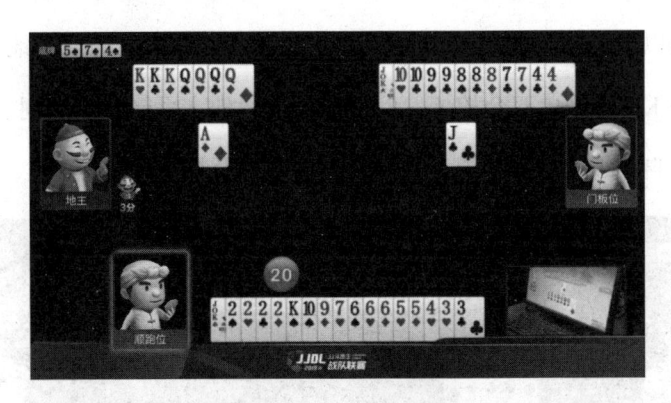

图 6-3 案例 22（千钧一发多炸局）第 3 轮

第 3 轮，门板位其实也比较难出牌，选择了用单 J 来传牌，毕竟自己手里有大王。地主用 A 管上，顺跑位用小王压死。

顺跑位（位于正下方）此时必须管上，因为他现在不确定大王的分布，自己手牌里有 2222，如果小王不管，大王还在地主手中，那么地主将用 A 再次取得领出牌权，所以必须管。

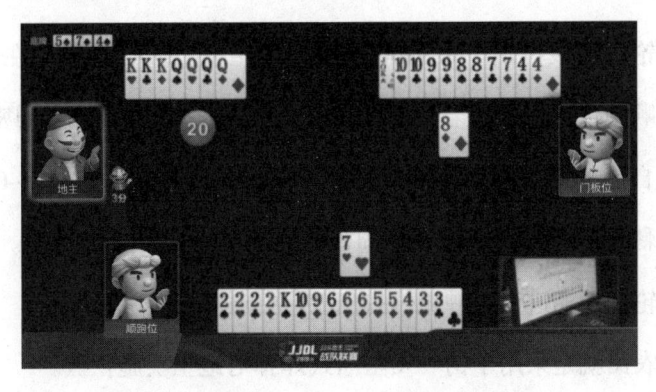

图 6-4 案例 22（千钧一发多炸局）第 4 轮

第 4 轮，顺跑位选择继续出单 7，门板位垫 8，门板位敢用 8 垫就说明了他要抢跑。地主拆 KKK 用单 K 管上，顺跑位按兵不动。门板位上大王抢回领出牌权。牌过 4 轮，地主已经明白外面有 2222 的炸弹了，自己的 QQQQ 被控住没敢动。

我们以事后诸葛的视角来看，这一轮 QQQQ 炸大王的话，地主是能跑的，因为 KK 已经单双全控了。但是赛场上，地主可能只注意到了 2222 的存在，对自己 KK 在后续场上的控制力没来得及精密计算。

图 6-5　案例 22（千钧一发多炸局）第 5 轮

第 5 轮，门板位出 77889900 连对，地主下 QQQQ 炸弹，在这千钧一发之际，顺跑位农民紧跟着用 2222 炸。其实这个炸弹是经过周密计算的，需要知道自己的对 3 同伴能够接得住。开局的时候地主出过 3~0 的长顺，所以同伴剩的不是 33，如果计算周密的话还可以算出同伴剩 44。

第 6 轮按预期进行，顺跑位打出 33 送同伴的对 4 逃跑。

此局农民就是采用千钧一发阻断式炸弹对地主实施拦截。

3. 王炸的礼节

中国是个讲礼数的国家,大到婚丧嫁娶等各种习俗,小到吃饭落座时什么人该坐什么位置,筷子怎么拿怎么夹怎么摆放,都有很多"老理儿"。斗地主游戏起源于民间的街头巷尾,其中也蕴含着礼数。

拿王炸来说,如果只剩王炸和一手摆尾的牌了,需要先出王炸,再出最后一手牌,这样是比较友好的,表示对对手的尊重。比如手牌剩大小王和一个K,先出K则有挑逗之意,难道指望K能骗下来一炸不成?

同理,如果手里剩22AA和一个小牌,外面的2和王都已经下来了且无炸弹,那么出AA,再出22,再出3,是比较友好的。相反,如果22AA拆成4手单牌来出,那就具有极大的挑衅意味了。

要点小结

✓ 关于炸弹的数据:

游戏中直接抓到王炸的概率是 9.5%

拿底牌组成双王的概率是 13.28%

抓四张一样牌的炸弹的概率是 9.785%

抓起三张底牌后炸弹概率是 19.95%

一局牌里出现炸弹的概率是 71.81%

一局牌出现两个及以上炸弹的概率 15.58%

有三张一样的牌或者单王，想要靠底牌补全炸弹或者王炸的概率是 8.11%

自己没有王，外面有王炸的概率是 48.47%

手里有断张，外面有炸弹的概率是 10.25%

✓ 地主防炸分主动式和被动式。主动式即主动去诱炸，把炸弹骗下来，让靴子落地。被动式即保持自己牌力值，即使被炸了也从容应对。

✓ 农民炸弹的 3 种情况：千钧一发阻断式、强控接管牌局、添炸。

附录1 线上棋牌游戏发展简史

为了让大家更了解棋牌游戏，本人结合多年从业经历，尝试梳理和分享棋牌游戏发展的 6 个阶段，并跟大家一起探讨其发展背后的驱动力。

棋牌游戏 1.0——混沌初开

说起棋牌游戏发展的历史，首先要提起的当属联众。联众是第一次打破物理界限，把棋牌游戏搬到线上，让玩家任何时间都可以找到同好进行游戏。1998 年 3 月，当时还在"北漂"的三名程序员鲍岳桥、简晶和王建华靠着对棋牌的热爱和自身的软件开发技术开始了中国棋牌游戏之路，这也让喜欢下围棋的鲍岳桥有了"中国棋牌游戏之父"之称。当时三个合伙人每个人开多个账号在线上等玩家登录，以便来了就能够快速开始游戏，谁能想到五年后的联众会成为当时世界上最大的网络游戏娱乐网站，注册用户达 8000 万，同时在线人数高达 40 万人，而其他几家大的棋牌游戏公司几乎都在这个时期成立。

1998 年，潘恩林和同事成立游戏茶苑。

1999 年 3 月，中国游戏中心成立。

1999 年 5 月，联众同时在线人数达到 5000 人。并于 5 月作价 500 万，

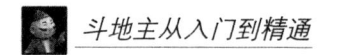

被中公网收购 79% 股份。

2000 年 3 月,"边锋四少"建立了边锋棋牌游戏世界,进入人们视野。

这一时期的棋牌行业有着非常典型的特征:创始人都是棋牌爱好者且无清晰的商业模式,线上棋牌行业正式拉开序幕。

2003 年 8 月 13 日,强大的"企鹅帝国"基于 QQ 关系链上线 QQ 游戏大厅,并以在线棋牌为切入点。当时玩联众或者 QQ 游戏大厅的人应该会记得当时的游戏匹配方式,一个大厅里摆了好多张桌子,找空座位坐下,并等待所有人都点击开始后才能进行游戏。联众鲍岳桥意识到可能的危险性后曾主动找腾讯方面合作,却被当时的腾讯首席运营官拒绝。到 2004 年底,腾讯游戏同时在线用户数超过 100 万,轻描淡写间超越联众,从此一骑绝尘。腾讯的加入一方面对混沌初开的在线棋牌行业完全是降维打击,另一方面也带来了行业的繁荣,推动行业继续深挖和进化。

腾讯游戏的崛起是历史的必然,两者其实完全不在一个竞争维度上。腾讯强大的社交关系链沉淀、宣传渠道和人才(产品打磨和迭代速度)等方面完全碾压对手,QQ 基于即时通信在娱乐方向的一个顺势延伸,就颠覆了整个棋牌行业的格局,借用刘慈欣《三体》里的一句话"毁灭你,与你何干"。

棋牌游戏 2.0——群雄割据

随着腾讯棋牌的成功,越来越多的人看到了棋牌的发展潜力和盈利能力,但全国性市场已经是 QQ 游戏、联众、边锋、茶苑、中游等一统天下的年代。而且棋牌游戏有个特点:生命周期长且玩家忠诚度高。一方面是在线棋牌行业强大的吸引力,另一方面是几大如日中天的棋牌网站,新进入者只能另辟蹊径——地方棋牌，即根据地理区域和玩法划分势力范围的群雄割据，集大成者当属同城游。

　　同城游（前身是"逍遥游工作室"）成立于2004年，是由浙江畅唐网络股份有限公司自主研发并运营的互联网游戏平台，始终专注于发掘地方特色游戏、打造本土互联网社交生态圈，着力搭建一个有"家乡味"的社交游戏平台。创始人陈哲民当时也是在机缘巧合的情况下进入这个行业（进入这个行业的人好像都是误打误撞，鲍岳桥自己爱玩围棋成立联众，潘恩林和同事白天上班晚上捣鼓出游戏茶苑，"边锋四少"之一王卉因为在办公室打游戏被开除干脆就做了棋牌），陈哲民当时受人之托开发棋牌，结果开发半年多了对方觉得不行，东西不要了。陈哲民想竟然已经耗了那么久干脆硬着头皮继续做下去吧，于是开始摸索这个行业。他从自己老家着手，开发了嵊州105游戏（绍兴地区的一种扑克玩法），迅速成功，从此找到了夹缝中的定位——专注三四线城市的地方性棋牌游戏市场。迄今为止，同城游已经开发了800多款地方性游戏，既原汁原味地保留了地方游戏的独特魅力，又巧妙融合了网络游戏的娱乐性、趣味性和便利性，在游戏的丰富、稳定、地道上积累了深厚的用户口碑，是地方游戏的线上博物馆。

　　我们回过头来看，棋牌1.0和2.0的发展都是赶上了PC发展的浪潮红利，大量的家庭开始拥有电脑，同时网吧这种业态在各地蓬勃发展，给棋牌游戏的发展提供了肥沃的土壤。

棋牌游戏3.0——赛制横空出世

　　喜欢玩斗地主的人应该都听说过JJ斗地主，各地方电视台上播放的斗地主节目也均出自这家公司。时间来到 2007 年，在线棋牌游戏浓墨重彩的一笔来了，在线棋牌行业最豪华的创业团队登场，JJ 斗地主的创始人及核心高管大多来自清华大学或 985 高校，并有连续创业经验，用专业"赛制"的方式和"竞技"的理念，为整个棋牌行业注入了新的活力。为什么叫 JJ？其实就是"竞技"的缩写。

一名吉林省高考第 6 名的同学在清华校园里看到一块广告牌，"清华桥牌赛，冠军奖金 50 元"，那时他每个月的伙食费也就 40 元，所以他决定学习桥牌，后来多次获得桥牌奖金，他就是 JJ 现在的 CEO 郑海生。JJ 现在的法人张廷松也是清华大学毕业，曾在华为任战略规划经理。董事长杨林（资金方，同时也是桥牌高手）在牌局上结识了高勇（前联众技术负责人，JJ 创始人之一），并非常认同高勇的竞技理念，双方一拍即合。至此"四巨头"集结完毕。多名联众的技术骨干也陆续加入 JJ，更加夯实了 JJ 的棋牌底蕴。

产品特色方面，JJ 陆续设置了淘汰赛制、循环赛制、岛屿赛制、双败淘汰赛制、打立出局赛制、定局积分赛制、分组出现赛制、瑞士移位赛制、复活赛、团体赛、公社城战、团队复式赛等专业、丰富的赛制，最终成为一条搅动市场的"鲶鱼"，在有腾讯、联众和中游等行业巨头，还有波克、同城游、黄金岛等地方豪强的形势下，成功突围。

JJ 还有另一个创新，即牌局多开。大家都知道棋牌游戏在乎同时在线人数，同时在线人数多，才能够随时随地、在任何场次都有人一起玩，用户的体验才会好。JJ 在 PC 上实现了多开，即 1 个用户同时可以打多场比赛，多个牌局，正好填充了打比赛等待时间的空白。所以 JJ 的 1 个用户顶得上其他棋牌网站的 2~3 个用户。同时 JJ 抓住了移动互联网的浪潮，且高层非常注重产品体验,在 2018 年同时在线人数达到了 220 万,累计注册用户数已超过 4 亿,坐稳行业第二把交椅(第一依然是腾讯棋牌)。

棋牌赛制的发展得益于 JJ 团队对产品的执着和深挖,同时也受益于中国移动互联网的发展浪潮,人手一部手机是海量注册用户的基础。

棋牌游戏 4.0——地方房卡

2016 年棋牌行业发生了一件震惊四座的大事件,在 4 月成立的闲徕互娱,在 8 个月后被上市公司昆仑万维以 20 亿元的价格收购。此时创始人谭星不到 28 岁,整个团队平均年龄不超过 30 岁,管理团队均是来自百度、360、金山等互联网知名企业的资深人士。闲徕先后推出数十款地方特色休闲竞技游戏,占领了湖南、四川等大省的细分领域市场,日活跃用户数量超过 300 万。其他创业团队闻讯陆续杀到,并纷纷开始效仿。

但是地方房卡模式逐渐向错误的方向发展,被别有用心之人当成了线上赌博工具,现已被国家封禁,产品本身我们不展开讨论。其作为一个时代的发展物,是什么原因令其迅速发展壮大的呢?大家还记得微信红包功能是什么时候出现的么?是 2014 年 1 月。随着 2 年的普及,2016 年的每月人均发红包次数已经到了 25 次以上。同时微信在朋友之间的转发传播还没有被严格限制,这两点共同推动了当时地方房卡模式的迅猛发展。

棋牌游戏 5.0——网赚斗地主

这个模式下的斗地主游戏体验比较差,但也确实是一个阶段。我们先了解下网赚模式。从 2015 年、2016 年开始各种网赚 App 兴起，比较知名的当属趣头条，其以"看新闻赚钱的方式"打开了所谓的"下沉市场"。什么是网赚？顾名思义就是网络赚钱，再进一步说要有三个角色——广告主、中介和网络用户。广告主提供资金，中介制定一定的规则让网络用户做一些事情并把广告主的要求满足了，网络用户完成中介制定的"任务"就可以拿到广告主的钱了。"看新闻赚钱"即是最简单最容易理解的方式，App 是中介，看广告就可以获得钱。

但是中介一般都是要赚取信息不对称的差价的，怎么赚呢？广告主给中介是按次结账，中介则设置一个额度让用户必须攒够一定数量才可以提现，这样就形成了信息不对称。有点像租房子，中介要求租客按年交了房租，但是中介按月给房东打月租款。广告主每次给中介打 3 分钱，中介要求用户攒够 30 元才可以提现。再进一步，反正都是攒到一个大的额度才给用户，干脆上来先给一半（即 15 元），让后面的进度慢一些，这是网赚模式常用的套路。

网赚斗地主也是用这种模式，将棋牌游戏融入其中提供给小镇县城的用户。这种模式受到很多人的唾骂，也得到了一些人的喜爱。存在就有其合理的原因，对于单位时间赚钱能力较差的人来说，网赚模式确实是一条赚取额外收益的道路；对于赚钱能力还可以的人来说，这种模式就很浪费时间了。所以这种模式的游戏体验是比较差的，有大量的打断（因为要引导用户去看广告），从游戏性来说是一种倒退，从商业模式来说是一次尝试。代表产品这里就不举例了，确实出现了大规模量级的在线棋牌游戏产品。广告主总体的数量和预算是有限的，随着网赚产品越来越多，恶性竞争越来越严重，这种模式也不像刚兴起那几年火热，开始走下坡路了。

棋牌游戏 6.0——播玩联动，从"玩"到"看"

随着短视频和直播的兴起，棋牌行业又迎来了新一轮的变革，JJ斗地主一马当先，扶持了数名斗地主解说大V，形成斗地主领域的网红矩阵。这一阶段的发展大范围地普及了斗地主的竞技属性，让大量用户对斗地主建立了新的认知。

一名主播可聚集百万甚至千万级粉丝，以JJ高源为首，3年多的时间收获千万级粉丝，获赞数量近亿，直播高峰时可以达到十几万人同时在线，比很多棋牌平台的在线人数都多。大家在他的直播间看打牌刷评论的热情甚至超过了自己亲自玩牌。同时JJ斗地主也与抖音平台联手实现了播玩联动，这种形式将用户的定义从"玩"延伸到"看"，通过高品质的内容和赛事，大范围地传播了棋牌文化。

与很多专业的竞技选手不同，高源在抖音上的成长并非顺风顺水。常规的电竞游戏冠军入驻平台，一般都会引起粉丝的追捧。可是作为斗地主全国冠军的高源在抖音却成了冷门，抖音平台上斗地主的主播起初也是屈指可数。起初基于专业的技术水平，高源的视频内容是以玩家视角为主，包括对对手牌型的分析、算牌技巧、主攻农民及辅助农民的定位差异及操作思路。虽然这类斗地主技术教学的视频内容充分展现了斗地主的技巧深度和打法策略，是很多玩家希望学习的技术，可视频发布后粉丝反响却比较平淡。直到2020年2月，高源迎来了自己"逆风翻盘"的时刻。这条爆发的视频中，高源一改之前慢节奏的教学风，将自己"欢脱"的一面展现在镜头中，这条获得10.4万点赞的视频也让高源的大主播之路得以开启。

棋牌游戏的此轮变革，我认为得益于三方面因素，可谓天时地利人和，是之前资源的整合。所谓天时，是以抖音、快手为代表的短视频和直播 App 大规模普及，为棋牌内容提供了平台。所谓地利，是以 JJ 斗地主为代表的棋牌厂商用开放的心态提供了播玩互动的工具，并举办了一系列奖励丰厚的竞技赛事，为此轮发展提供了垂直内容平台，并将"看"也纳入服务范畴，以往在虎牙和斗鱼等平台也有斗地主直播，但远没有达到现象级。所谓人和，是以高源为代表的斗地主专业选手本身有较深的技术沉淀，同时多名主播大 V 一起形成了更深度的联动，提高了赛事的精彩程度，同时像 NBA 一样，沉淀了大量素材供平台二次创作和传播。

附录 2　大数据分析汇总

- 缺一张牌，能够通过底牌补全的概率是 27.18%
- 地主获胜时领出牌权的变化次数平均为 8.5 次
- 地主平均要获得 4.2 次领出牌权次
- 手里有断张，外面有炸弹的概率是 10.25%
- 有火箭且无其他炸弹的情况下，叫地主获胜的概率是 77.28%
- 地主有大王 22，获胜的概率是 66.05%
- 地主有小王 22，获胜的概率是 49.33%
- 地主有 222AA，获胜的概率是 50.33%
- 地主有 2222，获胜的概率是 58.31%
- 地主有炸弹且有 22，获胜的概率是 58.31%
- 在自己没有王的情况下，外面有王炸的概率是 48.47%
- 游戏中直接抓到王炸的概率是 9.5%
- 拿底牌组成双王的概率是 13.28%
- 抓四张一样牌的炸弹的概率是 9.785%
- 抓起三张底牌后炸弹概率是 19.95%
- 一局牌里出现炸弹的概率是 71.81%
- 一局牌出现两个及以上炸弹的概率 15.58%

✓ 有三张一样的牌或者单王，想要靠底牌补全炸弹或者王炸的概率是 8.11%

✓ 自己没有王，外面有王炸的概率是 48.47%

✓ 手里有断张，外面有炸弹的概率是 10.25%

后 记

斗地主是一场三方参与的不完全信息动态博弈游戏，通过大数据分析和22个完整的对局案例，我们探讨了斗地主中如何叫分、记牌算牌、门板位农民和顺跑位农民的技巧、农民间传递信号的技巧和当地主的一系列技巧。这些技巧追根溯源都是来自斗地主作为博弈游戏的3个基本特点。

借用《孙子兵法》里的一段话，正所谓"兵者，诡道也。故能而示之不能，用而示之不用，近而示之远，远而示之近。利而诱之，乱而取之，实而备之，强而避之，怒而挠之，卑而骄之，佚而劳之，亲而离之，攻其无备，出其不意"。

斗地主跟用兵作战一样，都是以诡诈取胜。因此，有能力而装作没有能力，实际上要攻打而装作不攻打，欲攻打近处却装作攻打远处，攻打远处却装作攻打近处。对方贪利就用利益诱惑他，对方混乱就趁机攻取他，对方强大就要防备他，对方暴躁易怒就可以撩拨他怒而失去理智，对方自卑而谨慎就使他骄傲自大，对方体力充沛就使其劳累，对方内部亲密团结就挑拨离间，要攻打对方没有防备的地方，在对方没有料到的时机发动进攻。一方面要摸清对手的动机和规划，并想办法给对手制造麻烦；另一方面也防守，迷惑对手令其看不清自己的真实意图。

经过近5年的时间，通过2次推翻重来，笔者终于完成了斗地主技巧的梳理。同时笔者还在准备斗地主赛制和残局技巧的内容，听从朋友们的建议，不要篇幅太长，适度就好，所以本书没有加入这部分内容。希望以后能腾出时间将赛制和残局的内容也梳理下，出版相关书籍。意犹未尽的牌友们，我在附录中补充了线上棋牌游戏发展简史和大数据分析汇总，供大家了解。